DIGITALE
BILDKULTUREN

Kolja Reichert

KRYPTO-KUNST

NFTs und digitales Eigentum

Verlag Klaus Wagenbach   Berlin

DIGITALE BILDKULTUREN

Durch die Digitalisierung haben Bilder einen enormen Bedeutungszuwachs erfahren. Dass sie sich einfacher und variabler denn je herstellen und so schnell wie nie verbreiten und teilen lassen, führt nicht nur zur vielbeschworenen »Bilderflut«, sondern verleiht Bildern auch zusätzliche Funktionen. Erstmals können sich Menschen mit Bildern genauso selbstverständlich austauschen wie mit gesprochener oder geschriebener Sprache. Der schon vor Jahren proklamierte »Iconic Turn« ist Realität geworden.

Die Reihe DIGITALE BILDKULTUREN widmet sich den wichtigsten neuen Formen und Verwendungsweisen von Bildern und ordnet sie kulturgeschichtlich ein. Selfies, Meme, Fake-Bilder oder Bildproteste haben Vorläufer in der analogen Welt. Doch konnten sie nur aus der Logik und Infrastruktur der digitalen Medien heraus entstehen. Nun geht es darum, Kriterien für den Umgang mit diesen Bildphänomenen zu finden und ästhetische, kulturelle sowie soziopolitische Zusammenhänge herzustellen.

Die Bände der Reihe werden ergänzt durch die Website *www.digitalebildkulturen.de*. Dort wird weiterführendes und jeweils aktualisiertes Material zu den einzelnen Bildphänomenen gesammelt und ein Glossar zu den Schlüsselbegriffen der DIGITALEN BILDKULTUREN bereitgestellt.

Herausgegeben von
Annekathrin Kohout und Wolfgang Ullrich

CryptoPunk 8620, verkauft am 3. August 2021 für 400 ETH
(zu dem Zeitpunkt ca. 1 Million US-Dollar)

Einleitung: eine neue Sorte Ware

Es war im Februar 2021, knapp ein Jahr nachdem die Corona-Pandemie in fast allen Teilen der Welt die Kunsterfahrung aus Ausstellungsräumen auf den Bildschirm verlagert hatte, da machte plötzlich eine neue Sorte Kunst von sich reden. Wie aus dem Nichts entstand ein neuer Kunstmarkt, und er sah auf den ersten Blick ganz anders aus als der bisherige. Was auf diesem Markt gehandelt wurde, löste unter Angehörigen dessen, was sich bislang Kunstwelt genannt hatte, Entsetzen und Unverständnis aus: Digitale Animationen in Computerspielästhetik, animierte Farbverläufe, geometrische Grafiken und männliche Teenager-Fantasien aus dem 3D-Designprogramm erzielten vierstellige Beträge. Renderings virtueller Möbel, die nur als Daten existieren, brachten sechsstellige Summen ein. Musiker:innen verkauften drei Jahre alte Alben noch einmal als limitierte Edition oder traten plötzlich als Bildende Künstler:innen hervor so wie Grimes, die mit Variationen des Artworks ihres letzten Albums auf einer Online-Auktion binnen Stunden 5,8 Millionen US-Dollar einfuhr.[1] Als schließlich eine digitale Collage aus fünftausend Zeichnungen und 3D-Grafiken des Mediengestalters Mike Winkelmann alias Beeple beim weltältesten und -größten Auktionshaus Christie's für 69,36 Millionen US-Dollar den Besitzer wechselte, schienen alle bisherigen Koordinaten für die Bildung kultureller Werte infrage zu stehen. Das drittteuerste jemals gehandelte Kunstwerk eines lebenden Künstlers: eine JPEG-Datei? Noch dazu eine mit zweifelhaftem Kunstwert und latent bis offen misogynen und rassistischen Inhalten?[2]

Eine neue Kategorie von Ding war in der Welt, ohne physischen Körper, aber unverwechselbarer und leichter handelbar als alle anderen Dinge, die es gibt. Drei Buchstaben von federnder Pneumatik versprachen Investitionssicherheit und grenzenlose Gewinnaussichten, und so wurden nach der besagten Christie's-Auktion alle Künstler:innen mit Rang und Namen von findigen Entwickler:innen und Unternehmer:innen mit der Forderung umschwärmt, sich doch ebenfalls an die Herstellung dieser Wunderwerke zu machen: NFTs, Non Fungible Tokens, digitale Eigentumszertifikate mit fälschungssicherer Verzeichnung in der Blockchain.

War das Internet in den Neunzigerjahren von Entwickler:innen, Aktivist:innen und Künstler:innen als barriereärmer Raum beschworen worden, in dem Eigentum und feste Identitäten überwunden werden könnten, drehte sich 2021 endgültig alles um die zweifelsfreie Zuschreibung von Urheberschaft und Eigentum. Selbst der kulturelle Wert von Memes, der aus der oft interesselosen Interaktion mit Millionen anonymer Internetnutzer entstand, wurde jetzt kapitalisiert: 600 000 US-Dollar brachte die zehn Jahre alte *Nyan Cat*, die Kult gewordene GIF-Animation einer fliegenden Pop Tart mit Katzengesicht und Regenbogenschweif in verpixelter 8-Bit-Primärfarb-Ästhetik, ihrem Urheber Chris Torres ein.[3]

Mit NFTs schien plötzlich alles kapitalisierbar: Twitter-Gründer Jack Dorsey versteigerte seinen ersten Tweet für 2,9 Millionen US-Dollar. Ein Redakteur der *New York Times* versteigerte seinen Kommentar über NFTs als NFT. Und Edward Snowden veröffentlichte aus seinem Moskauer Exil eine Collage aus seinem Konterfei und dem Gerichtsurteilstext über die Unrechtmäßigkeit des 2013 von ihm aufgedeckten

Massenüberwachungsprogramms der NSA. Bislang leiten Museen, Galerien und Auktionshäuser den Wert von Werken aus deren Stellung in der Kunstgeschichte ab. Die Snowden-Grafik bezieht ihren Wert allein aus der jüngeren Zeitgeschichte, Prominenz und politischer Positionierung. Er betrug laut Auktionsergebnis auf der Plattform Foundation.app sechs Millionen US-Dollar.[4]

Seit der sagenhaften Konzentration von Reichtum in der Digitalwirtschaft und dem Aufstieg der Tech-Branche zur kulturellen Leitindustrie hatte die Kunstwelt vergeblich darauf gewartet, dass Tech-Entrepreneur:innen sich für Kunst interessieren und ihr dasselbe Interesse an Gelehrsamkeit, Unterscheidungsfähigkeit und historischem Bewusstsein entgegenbringen wie die aussterbenden Sammler:innen aus der kunstbeflissenen westlichen Nachkriegsgeneration. Jetzt sammeln sie plötzlich, allerdings ihre eigene Kunst, die sich auf ihre eigene Geschichte bezieht, nämlich die des Internets und der Krypto-Kultur. Und die Stakeholder der alten Kunst stürzen sich in einen Wettlauf um ihre digitalen Geldbörsen: Auf den Beeple-Erfolg von Christie's folgten NFT-Auktionen der Auktionshäuser Phillips und Sotheby's. Nachdem wiederum Christie's im Rahmen einer Auktion für zeitgenössische Kunst 14,5 Millionen US-Dollar mit der Neuversteigerung von neun CryptoPunks einspielte, vier Jahre alten Klassikern der Krypto-Kunst, überraschte es mit der rückwirkenden Eingemeindung einer der führenden Marken der jüngeren Kunstgeschichte in die neue Technologie: Gemeinsam mit der Nachlassstiftung Andy Warhols versteigerte das Auktionshaus fünf digitale Malereien des Pop-Art-Künstlers auf einem Amiga aus den Achtzigerjahren als NFTs. Sotheby's bot inzwischen sogar den von Tim Berners-Lee 1990 verfassten Original-Code für das World Wide Web für 5,435 Millionen US-Dollar aus.[5]

Wie hoch das kulturelle Versprechen der neuen Warensorte ist, zeigt sich in den umgehenden Bemühungen von Museen, sich in die neue Ereigniskette einzuschreiben: Das Universalmuseum Joanneum Graz produzierte Schlagzeilen mit dem Erwerb zweier NFTs regionaler Künstler für die eigene Sammlung, allem Anschein nach ohne spezifisches Interesse oder kritische Prüfung.[6] Das Guggenheim Museum lässt eine Arbeitsgruppe die mögliche Bedeutung von NFTs für künftige Sammlungsstrategien prüfen.[7] Und die Uffizien gleichen ihre Einbußen durch die Corona-Pandemie mit dem Verkauf digitaler Scans von Werken Alter Meister aus.[8] Schließlich fanden schon kurz nach den ersten spektakulären Versteigerungen zwei NFT-Kunstmessen statt – ausgerechnet in Miami, wo die letzte Art Basel wegen der Pandemie ausfallen musste und es jetzt eine »NFT Bazl« gibt.

Wie im Kunstmarktjournalismus üblich, kreiste die Berichterstattung über NFTs zunächst um die schwindelerregenden Preise. Dagegen ist nichts einzuwenden. Geld ist als Kommunikationsmittel über Gemeingüter und kulturelle Werte weithin unterschätzt, das Reden darüber wird zu Unrecht verbrämt. Am Preis entzündet sich das Wundern: War es einer Mehrheit schon schwer zu vermitteln, warum achtstellige Beträge für Ölbilder oder für stählerne Ballonhunde gezahlt werden, so stellt sich nun die große Frage, warum dieselben Summen für Dinge erzielt werden, die es gar nicht gibt. Oder die es tatsächlich endlos oft gibt, denn schließlich lassen sich die gehandelten Dateien beliebig oft kopieren, teilen und von überall aus betrachten. Den Käufer:innen kommen nicht einmal besondere Rechte zu. Sie besitzen nichts als die beglaubigte Fiktion, dass sie über ein Original verfügen.

Man mag digitales Eigentum für einen Fetisch halten.[9] Das ändert nichts daran, dass sein Kurswert im Steigen begriffen ist, und die Gründe dafür sind möglicherweise alles andere als banal. So schwärmen viele Künstler:innen, insbesondere Musiker:innen, von einem neuen Mäzenatentum im dezentralen »Web 3.0«, das ihre Werke der Ausbeutung durch Streaming- und Social-Media-Plattformen im Web 2.0 entreißt und direkten Austausch mit dem Publikum und Mitproduzent:innen erlaubt. So hat die Blockchain auch eine neue juristische Person hervorgebracht: DAOs, »Dezentrale Autonome Organisationen«, die per Blockchain basisdemokratische Entscheidungen ohne Vermittlerinstanz treffen.

Man mag sich angewidert abwenden vom Triumphzug der Hobbykunst, den die erste Schwemme an NFT-Kunst darstellt, von der Einebnung aller Unterscheidungen zwischen Bildender Kunst und Kreativwirtschaft. Man mag sich winden ob der bemerkenswerten Verschränkung von Populismus und Avantgardeanspruch, wenn zum Sturm auf die angebliche Elite der Kunst und ihrer Gatekeeper geblasen wird (und diese durch eine noch steilere Machtpyramide einer überschaubaren Zahl vermögender Krypto-Künstler:innen und -sammler:innen ersetzt wird, ohne jede Form der Verständigung über Anspruch und Qualität). Man mag der Ansicht sein, dass es bei NFTs weniger um künstlerische als um unternehmerische Innovationen geht. Und hat damit recht: NFTs sind nichts anderes als eine neue Buchhaltungstechnologie. Auf diese laufen die Wetten, weniger auf künstlerische

Programme. Gleichzeitig ist aber nicht von der Hand zu weisen, dass im Boom von NFTs Entwicklungen der letzten Jahre kulminieren, die jetzt in neuer Schärfe Fragen über einen fundamentalen Wandel von Gesellschaft und Kultur aufwerfen. Sogar Rolle und Natur des Geldes stehen infrage: Blockchain-Technologie erlaubt es, der institutionell verbrieften Fiktion des Wertes von Euro, Dollar, Yuan usw. beliebig viele andere Fiktionen hinzuzufügen, für deren Beglaubigung es keiner staatlichen Institution mehr bedarf, nur Rechenkraft und Codes. Die in der digitalen Geldbörse gehaltenen Vermögen und Kunstwerke unterscheiden sich kategorisch nur darin, dass Letztere einzigartig sind. Mit Krypto-Kunst wird der semiotische Karneval weiter angefacht, der im Banden-Investment um den Software-Händler GameStop einen Höhepunkt fand[10] und von Tesla-Chef Elon Musk mit seinen Bitcoin- und Dogecoin-Spielereien munter weiter befeuert wird. Die Scharniere der Kultur sind am Zittern, ihr Code flirrt. Und möglicherweise muss in diesem Sturm die Kunst, wie wir sie kannten, mit ihren langfristigen Wertbildungen und Bildungsvoraussetzungen, ihre Rolle und ihre Ansprüche neu erklären und legitimieren.

Nur das Recht scheint festzustehen. Aber auch dieses verändert sich: Im April 2021 beschloss der US-Bundesstaat Wisconsin die Gleichsetzung von DAOs mit GmbHs und NGOs.[11] Nie haben sich Kultur, Geld und Moral so sehr einander angenähert wie auf dem Markt für NFTs. Der Horizont dieser Entwicklung ist bislang nur zu erahnen. Dieses Buch sammelt dafür die Fragen und das Material.

Es ist unabsehbar, wie sehr die Kunst von Krypto-Technologie profitieren wird, denn ihre Einschreibungen in die

Geschichte verlaufen noch weit langsamer als die ebenfalls recht langsame Bitcoin-Blockchain. Wie sehr aber die Krypto-Welt umgekehrt von der differenzierten Auseinandersetzung mit den einzigartigen Tatsächlichkeiten künstlerischer Erfindungen profitieren kann, das ahnt sie vielleicht noch gar nicht. Denn Kunst erlaubt grundlegende Selbstreflexion von Systemen und garantiert so deren Innovationsfähigkeit. Zwischen allen Werken, die es je gab, und allen, die noch kommen, werden Gespräche darüber geführt, was Kunst ist (und Welt und Mensch und Geld usw.). Kunst ist die erste, die älteste, die einzig wirklich tiefe Blockchain der menschlichen Kultur.

Kurze Einführung in die Blockchain

Die Blockchain ist ein kollektives Register oder Kontobuch, das für alle einsehbar auf allen Festplatten ihrer Nutzer:innen liegt und sich dort laufend aktualisiert. Wenn ich 0,02 Bitcoin von meiner digitalen Geldbörse (Wallet) an die Wallet bc1qwqdgdg6squsna38e46vckulcc7kytlcckxswvvzej sende, entsteht ein neuer Datenblock, in dem sinngemäß steht: »1zBWREnnkgVywAXSfr72WOPOseg7JR35M sendet am 4. Mai 2021 um 8:45 Uhr 0,02 Bitcoin an dg6squsna38e46vckulcc7kytlcckxswvvzej«. Dieser Block genannte Datensatz wird an den vorherigen Block angefügt, ist für alle Zeiten einsehbar und kann nie wieder verändert werden. Niemand kann auf einer Blockchain Bilanzen fälschen. Deshalb sind auch keine Dritten nötig, die zwischen zwei Parteien das Vertrauen herstellen, so wie Banken oder Notare es tun. Blockchains kommen also ohne zentrale Instanzen aus. Sie kommen aber auch ohne zentrale Server aus. Die traditionelle Weise, sich im World Wide Web zu bewegen, beruht auf dem Austausch von Daten zwischen dem eigenen Computer und einem Server, auf dem die aufgerufene Website oder andere Inhalte gespeichert sind – zum Beispiel die Fotos, die ich in Sozialen Medien poste, den Betreiberfirmen Nutzungsrechte überlassend. Diesen zentralen Server gibt es in der Blockchain nicht. Die Blockchain befindet sich nirgendwo anders als auf den Computern ihrer Nutzer:innen. Das macht die Blockchain auch sicher gegen Angriffe von außen (wenn auch nicht unbedingt von innen – so entzogen Hacker:innen 2016 der ersten DAO Ether im Wert von 53 Millionen US-Dollar[12]).

Die erste Blockchain war die Bitcoin-Blockchain. Das Konzept für sie wurde 2008 von unbekannten Autor:innen unter dem Pseudonym Satoshi Nakamoto veröffentlicht,[13] benutzbar war sie ab 2009. Unter dem Eindruck der Finanzmarktkrise im Vorjahr und der immensen öffentlichen Ausgaben zur Rettung von Privatunternehmen und zur Stabilisierung der Märkte erschien Bitcoin als basisdemokratische Alternative zu staatlich kontrollierten Währungen.

Tatsächlich erlaubt Bitcoin etwa Flüchtlingen ohne Kontozugang, Bankgeschäfte übers Internet zu tätigen. Venezolanische Bürger:innen sichern sich mit Bitcoin gegen die Folgen der Politik ihrer Regierung ab und umgehen die verhängten Abgaben auf Währungsimporte[14] – während sich die venezolanische Regierung selbst, wie auch die argentinische, mit Bitcoin-Anlagen über Inflationen rettet. In El Salvador schrieb im Juni 2021 ein neues Gesetz sogar Gewerbetreibenden vor, Bitcoin als Zahlungsmittel zu akzeptieren.[15]

Nach einem Einbruch der Krypto-Währungskurse 2018 beförderte die Pandemie, wohl durch die viele zuhause verbrachte Zeit, ein spektakuläres Wachstum. Im April 2021 überstiegen die weltweit in Bitcoin und anderen Krypto-Währungen angelegten Vermögen mit über zwei Billionen US-Dollar zum ersten Mal den Marktwert von Apple. Als, ebenfalls im April 2021, die größte Krypto-Währungsbörse Coinbase an die US-Börse ging, erzielte sie eine Bewertung von knapp 100 Milliarden Dollar.[16]

Während die Möglichkeiten von Blockchain-Transaktionen für Kriminalität wie Waffen- und Drogenhandel und Prostitution lange im Mittelpunkt der öffentlichen Wahrnehmung standen, scharten sich um die neue Technologie von Anfang an Utopisten, die in ihr das Potenzial für eine andere Organisation der Gesellschaft sahen. Neben IT-Entwickler:innen zählen viele Künstler:innen dazu. So finden sich auch unter den interessantesten Kommentator:innen der Entwicklungen um Blockchains (und neuerdings NFTs) Künstler:innen und Musiker:innen wie Daniel Keller, Lilinternet (beide gemeinsam mit Caroline Busta mit dem Podcast »New Models«),[17] Holly Herndon und Mat Dryhurst (die gemeinsam den Podcast »Interdependence« betreiben).[18] Alle Genannten leben in Berlin, wo sich seit Anfang der Zehnerjahre zwischen Aktivist:innen, Unternehmer:innen und Künstler:innen eine international einflussreiche experimentelle Krypto-Szene gebildet hat. Hier herrscht eine Euphorie, als sei das Internet neu erfunden worden. Denn Blockchain wird schon lange nicht mehr nur als bloßes Kontobuch und Zahlungsmittel, sondern als Technologie für gemeinschaftliche Kommunikation, Abstimmung und Willensbildung angesehen. Sie wird im Kontrast zu den Sozialen Medien gesehen, die Partizipation für alle versprachen, aber letztlich Nutzer:innen von Plattformen wie Facebook, Google und YouTube als Ressourcen vernutzen, deren unbezahlte Online-Aktivitäten die Machtkonzentration in wenigen großen IT- und Finanzkonzernen befeuern.[19]

Bitcoin war die erste Blockchain, aber inzwischen gibt es unzählige weitere. Die am zweithäufigsten genutzte ist Ethereum. Dieses Netzwerk, für das Vitalik Buterin 2013 das Konzept vorstellte und das 2015 an den Start ging, kann nicht nur Transaktionen in der Währung Ether ausführen. Es erlaubt auch die Herstellung eigener Währungen. Darüber hinaus lassen sich automatisierte Verträge implementieren, sogenannte Smart Contracts. Diese erlauben prinzipiell endlose Anwendungen: zum Beispiel Überweisungen zu festgelegten Anteilen an bestimmte Empfänger:innen, sobald ein gewisser Kontostand erreicht ist, was ein ganzes Feld automatisierter Finanzdienstleistungen eröffnet. Oder das Öffnen eines Schlosses – beispielsweise eines Autos auf einen Zahlungseingang hin, was Geschäftsmodelle der Sharing Economy vereinfachen kann. Aus Smart Contracts lassen sich auch ganze Software-Anwendungen bauen, sogenannte Dapps (Decentralized Apps). Zu den bekanntesten zählen die an Tamagotchis erinnernden CryptoKitties, das Spiel Axie Infinity und die virtuelle Welt Decentraland, deren Mitglieder Accessoires handeln, Grundstücke kaufen und bebauen, aber auch über die Regeln der virtuellen Welt abstimmen können. Auch NFTs basieren auf Smart Contracts.

Charakteristisch für die Blockchain ist die Verschlüsselung, die nicht nur beim Schutz der Identitäten der Nutzer:innen eine Rolle spielt, sondern auch den reibungslosen Ablauf der Transaktionen sicherstellt. Denn könnte jede:r einfach so Transaktionen vollziehen, würde nicht nur die Rechenkraft der Blockchain schnell an ihre Grenzen kommen, zumal bei automatisierten Transaktionen. Es herrschte auch sofort Chaos, weil nicht zu bestimmen wäre, welche Transaktionen in welcher Reihenfolge hintereinander ins kollektive Kontobuch einzutragen wären. Aber die Zuverlässigkeit von Transaktionen ist nur dann gewährleistet, wenn über die Reihenfolge der Einträge absolute Einigkeit unter allen Teilnehmer:innen besteht. Für ihre Effizienz braucht die Blockchain also eine eingebaute Ineffizienz: Das legitime Interesse am Hinzufügen eines Eintrags muss mit der Lösung einer Aufgabe bewiesen werden – ähnlich dem Lösen eines Bildrätsels für das Versenden eines Online-Formulars. Diese Methode heißt »Proof of Work«. Die Aufgabe besteht darin, dass jeder Block einen Zahlencode enthält, den Hash, der erst geknackt werden muss, bevor etwas an die Kette angefügt werden kann. Wenn ich eine Transaktion tätige, landet sie als Block in einer öffentlichen Warteschleife. Tausende Computer weltweit machen sich automatisch an das Knacken seines Hash. Ist er erfolgreich dechiffriert, muss die Lösung noch von mindestens sechs weiteren der automatisiert vor sich hin rechnenden Mining-Stationen bestätigt werden. Erst dann ist die Transaktion getätigt. Als Absender:in zahle ich eine Gebühr, die bei Bitcoin Stand Mai 2021 im Schnitt bei etwa 30 US-Cent liegt. Der Nutzer, dessen Computer den Hash geknackt hat, erhält für seine investierte Rechenkraft eine Belohnung in Bitcoin, Ether oder der entsprechenden Währung (Coin) des Netzwerks. Auf diesem Weg entstehen neue Coins und treten erstmals in die Zirkulation ein. Deshalb heißen diese Nutzer:innen Miner (Schürfer:in oder Präger:in).

Im Bitcoin-Netzwerk ist die Zahl der maximal möglichen Coins auf 21 Millionen begrenzt. Diese Beschränkung macht Bitcoin zum raren digitalen Rohstoff, vergleichbar dem Gold, sie sichert relative Wertstabilität und macht ihn als Schutz gegen Inflation interessant.[20] Mit der Zeit wird das Mining immer aufwändiger, während die Belohnung sinkt. Durch die beschriebene »Proof of Work«-Methode wird die Blockchain so langsam, dass auch hier der Vergleich mit dem frühen Internet Sinn ergibt. So dauert eine durchschnittliche Bitcoin-Transaktion Stand Mai 2021 eine Stunde. Im Zuge der gestiegenen Popularität von Bitcoin ab 2020 kam es auch schon zu Wartezeiten von bis 16 Stunden.[21]

Die Technik des Minings ist auch verantwortlich für die berüchtigte Energiebilanz der Krypto-Währungsnetzwerke. Riesige Farmen von Mining-Computern halten Blockchain-Systeme aufrecht. Mining-Farmen sind vor allem dort entstanden, wo Strom am günstigsten ist, vor allem neben Geothermiekraftwerken in Westchina oder Island. Bis zum Verbot unautorisierter Blockchain-Dienstleistungen und Mining-Aktivitäten durch die chinesische Zentralbank im Mai 2021 wurde mehr als die Hälfte der Mining-Rechner in China vermutet. Ihre Betreiber suchen sich jetzt neue Standorte.[22] Die University of Cambridge schätzt, dass die Bitcoin-Blockchain pro Jahr mehr Strom verbraucht als die Niederlande. Das Netzwerk der Krypto-Währung Ethereum verbraucht angeblich so viel Strom wie Portugal, und eine einzelne Transaktion hat den Kohlendioxidfußabdruck von fast 1,78 Millionen Visa-Zahlungen.[23] Der Künstler Memo Akten hat ausgerechnet, dass jeder

NFT einen Kohlendioxidfußabdruck von 211 Kilogramm hinterlasse, was einem zweistündigen Flug entspricht.[24] Höhere NFT-Editionen verursachten sogar die Emissionen Dutzender Transatlantikflüge.[25]

Die internationale, in der Schweiz ansässige Non-Profit-Organisation Ethereum Foundation, die die Entwicklung der Ethereum-Blockchain lenkt, plant deshalb schon seit 2016 eine Änderung des Protokolls von »Proof of Work« auf »Proof of Stake«. Dann wäre die Autorisierung von Transaktionen nicht mehr den Nutzer:innen mit der größten Rechenkraft überlassen, sondern jenen mit den höchsten Kontoständen, also den meisten Ether – jenen also, die das größte Interesse an der Wertstabilität haben. Um zu vermeiden, dass dadurch Vermögende nur reicher werden, sind verschiedene Mechanismen im Gespräch. Das »Proof of Stake«-Verfahren soll die Blockchain um 99,95 Prozent effizienter machen.[26] Im Mai 2021 wurde die Umstellung noch für das Jahr 2021 in Aussicht gestellt. Andere Blockchains wie Tronix, Steem, Flow und EOS nutzen das Verfahren bereits.

Was NFTs sind und wie sie funktionieren

Lange wurde zwischen Blockchain-Wallets nur eine Sache versendet: Coins (Münzen). Bitcoin oder Ether etwa. Jede dieser Münzen funktioniert wie ein Jeton im Casino: Ich kann mit Euro oder Dollar eine bestimmte Menge davon kaufen, sie innerhalb des geschlossenen Systems als Zahlungsmittel für alles Mögliche einsetzen und sie später wieder zum Tagespreis in eine Fiat-Währung (so heißen von Regierungen gestützte Währungen) tauschen (am einfachsten auf einer der Krypto-Börsen). Aus Sicht der Informatik sind Coins Token: standardisierte Zähleinheiten. Token derselben Währung unterscheiden sich nicht voneinander, so wenig wie Zwei-Euro-Münzen sich voneinander unterscheiden. Sie sind also untereinander austauschbar.

Mit Non Fungible Tokens, nicht austauschbaren Token, ist es anders: Jedes NFT ist durch eine Nummer eindeutig identifizierbar, verweist auf je andere Daten und ist damit einzigartig. Das macht NFTs vergleichbar mit Kunstwerken. Kein Wunder, dass es, wenn in den zurückliegenden Jahren von NFTs die Rede war, meist um Kunst ging, obwohl sich mit NFTs prinzipiell alle möglichen Vermögenswerte verbriefen lassen. Für einzigartige Waren sind Kunstwerke nun einmal das Paradigma.

Als erstes NFT wird heute das Werk *Quantum* (#1) angesehen, das der Künstler Kevin McCoy 2014 auf einer Konferenz des Magazins für digitale Kultur *Rhizome* vorstellte und das Sotheby's im Juni 2021 für 1,4 Millionen US-Dollar versteigerte. *Quantum* erinnert an den Blick durch ein Kaleidoskop: Auf einem schwarzen Quadrat pulsieren in unregelmäßigem Rhythmus Ringe unterschiedlicher Farbe. Es handelt sich dabei nicht um ein GIF[27] mit fester Bildfolge, sondern um ein kleines Stück Software, das ständig neue Bilder generiert. Gleichzeitig mit *Quantum* stellte McCoy auch gemeinsam mit Anil Dash die Plattform Monegraph vor, für »monetarisierte Grafiken«: Wer sich auf monegraph.com mit seinem Twitter-Account einloggte und einen Link zu einer Bilddatei einreichte, bekam einen Schlüssel für einen digitalen Eigentumsnachweis zugeschickt, mit dem er sein Werk als Original prägen konnte.

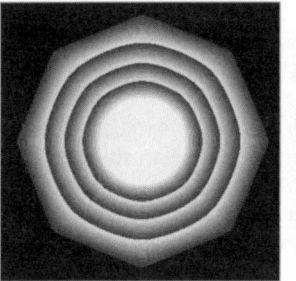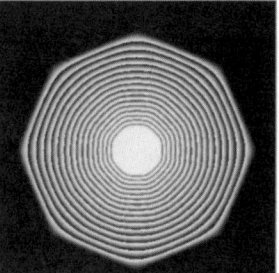

#1   Kevin McCoy, *Quantum*, 2014 (Frames)

McCoy war überzeugt, die Lösung für das fast dreißig Jahre alte Problem gefunden zu haben, dass es für die Vielfalt der online zirkulierenden Digitalkunst kein Geschäftsmodell gab, weil jede Möglichkeit fehlte, zwischen Original und Kopie zu unterscheiden – also auch nicht zwischen jemandem, der ein Werk besitzt, und jemandem, der es nicht besitzt. Die Funktionalität von McCoys damaligem Angebot entspricht bereits späteren NFT-Protokollen. Dennoch stand es vor einer schier unüberwindlichen Hürde: Nur wenn eine soziale Übereinkunft darüber zustande käme, dass dieser Eigentumsnachweis überhaupt einen Wert darstellte, ließe er sich auch kapitalisieren. »Tatsächlich dürfte es schwieriger sein, die Öffentlichkeit oder Kunstkäufer davon zu überzeugen, dass der Besitz eines kryptographischen Schlüssels zu einem digitalen Werk bedeutet, dass sie das Kunstwerk besitzen«, vermutete damals das Magazin *Tech Crunch*[28] und lag richtig – zumindest drei Jahre lang. Auch die ersten NFTs auf der Ethereum-Blockchain für das Spiel Etheria, vorgestellt drei Monate nach deren Launch 2015, fanden erst durch den NFT-Hype 2021 eine nennenswerte Zahl von Abnehmer:innen und machten ihren Entwickler im Laufe eines Wochenendes um 1,4 Millionen US-Dollar in Ethereum reicher.[29]

Wie kam es also plötzlich zu dieser sozialen Übereinkunft? So wie einst auf Jahrmärkten Elektrizität oder der Individualverkehr unter die Menschen kamen: als Attraktion zum Mitspielen (Gamifizierung ist also schon ein älteres Phänomen). 2017 entwickelten Matt Hall und John Watkinson mit ihrer Firma Larva Labs die CryptoPunks: 10 000 verpixelte Charakterköpfe in nostalgischer 8-Bit-Auflösung. Wer von ihnen welche Frisur und welche Hautfarbe trug, welche Brille hatte und eine Zigarette rauchte, wurde von einer vorher geschriebenen Software entschieden. Die menschliche Handschrift beschränkte sich also auf den Code, der die Gestalt jeweils hervorbrachte. Diese Köpfe bot Larva Labs als digitale Sammelkarten an – genauer: nicht die Köpfe selbst, denn die sind jederzeit von jedem überall einsehbar, kopierbar und teilbar (auf der Firmenwebsite selbst findet sich ein Gruppenporträt aller 10 000);[30] angeboten wurde zu den jeweiligen Köpfen vielmehr der Eintrag ins Register, in dem der Zahlenschlüssel der Ethereum-Wallet der Eigentümer:in verzeichnet ist – und die Nummern aller vorangegangenen Eigentümer:innen. Das NFT also. Aus dem Nichts hatten Matt Hall und John Watkinson einen Markt geschaffen und mit ihm ein neues Sammelverhalten und eine neue Wertzuschreibung: Durch einen Blockchain-Eintrag verbrieftes digitales Eigentum wurde plötzlich zur begehrten Ware. CryptoPunks werden auf einem gewaltigen Sekundärmarkt gehandelt und steigen dank ihrer Rarität und Popularität unaufhörlich im Preis. *CryptoPunk #3100* erlöste am 11. März 2021 7,58 Millionen US-Dollar, #7523 übertraf ihn am 11. Juni 2021 mit 11,8 Millionen US-Dollar und ist damit hinter Beeples *Everydays: the First 5 000 Days* das bislang zweitteuerste NFT.[31]

Später im Jahr 2017 brachte die Firma Dapper Labs das Spiel CryptoKitties (# 2) auf den Markt. Mit ihren extrem niedlichen Katzencharakteren mit übergroßen Augen schöpfen diese Sammelkarten ebenfalls aus einer nostalgischen Computerästhetik, dazu aus der japanischen Niedlichkeits-Ästhetik Kawaii – und funktionieren zugleich als entwaffnend-ironischer Kommentar auf den populärsten Bildgegenstand der Sozialen Medien: Katzen.

CryptoKitties fügten dem Prinzip der Sammelkarte noch eine an Tamagotchis erinnernde spielerische Komponente hinzu: Wer zwei CryptoKitties besitzt, kann diese durch Zahlung von Ether paaren und erhält dadurch eine neue Sammelkarte, deren Gestalt durch ihre Eltern bestimmt ist. Je nach Alter oder Seltenheit der Gene unterscheiden sich CryptoKitties im Marktwert.

Die von Dapper Labs erklärte Absicht, Menschen die Blockchain-Technologie nahezubringen, erfüllte sich auf spektakuläre Weise. Binnen weniger Wochen meldeten sich 180 000 Nutzer:innen an, # 2 *CryptoKitty #1992671*

gaben 20 Millionen US-Dollar aus, machten die Dapp zur meistgenutzten Ethereum-Blockchain und brachten letztere zeitweise zum Zusammenbruch.

Digitales Eigentum war damit etabliert – wenn auch nur innerhalb einer tech-affinen Zielgruppe. Als das Auktionshaus Christie's 2018 in Zusammenarbeit mit der Firma Artory für Werke der Klassischen Moderne und Nachkriegskunst aus der Sammlung des New Yorker Reiseunternehmers Barney A. Ebsworth optional NFTs anbot, die Eigentum und Provenienz verbriefen, interessierte sich kaum eine der Käufer:innen für das Zusatzangebot.

Während der Maßnahmen zur Eindämmung der Corona-Pandemie, als halbe Bevölkerungen auf ihre Bildschirme zurückgeworfen waren und viele junge Amerikaner:innen ihren Job verloren, stieg nicht nur der Bitcoin-Kurs in ungeahnte Höhen. Auch das in den Markt für NFTs investierte Kapital vervielfachte sich von 456 885 auf 12,9 Millionen Dollar und allein im ersten Quartal 2021 noch einmal auf 2 Milliarden Dollar.[32] Die jähen Wertsteigerungen wurden im Wiederverkauf eines Beeple-Videos manifest, das der Sammler Pablo Rodriguez-Fraile im November 2020 für 66 666,60 US-Dollar ersteigerte und nur drei Monate später für 6,6 Millionen US-Dollar dem chinesischen Krypto-Investor Justin Sun weiterverkaufte.

Für den Boom der digitalen Zertifikate war aber nicht nur Krypto-Kunst verantwortlich. Der größte NFT-Markt ist der für Sportsammelkarten. Mehr als 230 Millionen US-Dollar spielte die US-Basketball-Profiliga NBA zwischen Oktober 2020 und März 2021 mit als Hologramme stilisierten Videos ein, die Stars beim Dunking zeigen. Die günstigsten kosten 9 Dollar.

Das teuerste wurde für 250 000 US-Dollar weiterverkauft. Wie die Cryptokitties wurden die NBA Top Shots von der Firma Dapper Labs entwickelt. Sie laufen auf der FLOW-Blockchain, die dank »Proof of Stake«-Protokoll vergleichsweise energiesparend funktioniert und auf die Dapper Labs auch die Cryptokitties umziehen möchte. Im Mai 2021 wurde ein New Yorker Gerichtsverfahren gegen das Unternehmen bekannt.[33] Der Vorwurf des Handels mit unregistrierten Wertpapieren könnte Auswirkungen auf den gesamten NFT-Markt haben.

Als im Februar 2021 600 000 US-Dollar für die *Nyan Cat* bezahlt wurden, war eine Schallmauer durchbrochen. Christie's hatte da bereits eine neue Runde des Experiments mit NFTs eingeleitet, unter entgegengesetzten Vorzeichen: Statt an eine Käuferschaft, der es egal war, ob das Kunstobjekt mit einem NFT verbunden ist, richtete sich das Auktionshaus mit Beeples *Everydays: the First 5 000 Days* jetzt an eine Zielgruppe, der es egal war, ob das NFT mit einem Objekt verbunden war – oder die es sogar vorzog, wenn nicht. 22 Millionen Zuschauer:innen sollen die Auktion am 11. März verfolgt haben, die in einem spektakulären Bietergefecht kulminierte. Für 69,36 Millionen US-Dollar ging die digitale Collage in den Besitz einer Bieter:in mit dem Pseudonym Metakovan, die schon einige Beeple-Werke in ihrer Sammlung hielt und von der Journalistin Amy Castor fünf Tage später als der in Singapur ansässige tamilische Unternehmer Vignesh Sundaresan enttarnt wurde.[34]

Seither werden alle Künstler:innen von Rang und Namen umworben, doch auch NFTs zu veröffentlichen. Und in der Berichterstattung wie in Gesprächen in der App Clubhouse klingt es so, als handelte es sich bei NFTs selbst um Werke, als enthielten diese Token selbst das Kunstwerk oder den Song oder das Album. Oder als seien sie zumindest das Medium, in dem diese erscheinen. Sind sie aber nicht. Digitale Daten bleiben das Medium. Sie sind Träger und Erscheinungsort der Werke. NFTs sind schlicht Registereinträge. Dass es sich bei ihnen um eine besondere Sorte von Gegenstand handle, ist nichts als eine soziale Suggestion.

Diese Suggestion verliert ihren Zauber, schaut man sich einmal genau an, wie umständlich die Verknüpfung eines »Werks« und seines Token ist – und wie letztlich folgenlos. Zum Beispiel die des Token 47013 mit Beeples *Everydays: the First 5 000 Days*.

Zunächst wird ein NFT »geminted«: Auf der Blockchain wird ein einzigartiger Token des ERC-721-Protokolls mit einer Identifikationsnummer eingetragen, im Fall von Beeples *Everydays* die Nummer 47013. Dazu wird ein Smart Contract erstellt. Dieser enthält die Nummer des Token und die Wallet-Adresse der Eigentümer:in, die als einzige Zugang zum Smart Contract hat. Außerdem enthält der Smart Contract die Adresse einer Datei mit Metadaten, also näheren Informationen, zum gehandelten Gegenstand.

Nach dem Verkauf des Tokens griff Beeple über seine Wallet-Adresse auf den Smart Contract zu und veranlasste den Eintrag der Wallet-Adresse der Käufer:in. Seitdem kann nur diese den Smart Contract verändern. Einsehen kann ihn aber jeder – auch die Adresse der Metadatendatei, in der wiederum der Link zum Download des gehandelten Werks enthalten ist. Womit auch jede:r die 21 069 × 21 069 Pixel messende, 300 Megabyte große JPEG-Datei[35] herunterladen kann. Hier der Link: https://ipfsgateway.makersplace.com/

ipfs/QmXkxpwAHCtDXbbZHUwqtFucG1RMS6T87vi1CdvadfL
7qA.[36]

Ein NFT-Verkauf ist also weit weniger poetisch, als es in den meisten Erzählungen erscheint. Vor allem hat er wenig mit dem Erwerb eines physischen Kunstwerks gemeinsam. Es geht schlicht um die soziale Fiktion des Eigentums. Bei NFTs handelt es sich also keineswegs um kategorial neue Dinge. Es handelt sich wirklich um nichts anderes als um eine Buchhaltungstechnologie. Dennoch entstand durch die massive kollektive Wertzuschreibung eine neue Sorte Ware. Wie konnte diese eine solche kulturelle Strahlkraft entfalten? Liegt es an den gehandelten Werken selbst, mithin an der Ästhetik? Oder stecken dahinter tieferreichende kulturelle Veränderungen?

Gibt es eine Ästhetik der Krypto-Kunst?

Meist wird über Krypto- oder NFT-Kunst gesprochen, als bilde sie ein Genre. Gemeint sind dann in der Regel bunte Bildchen in nostalgischer 8-Bit-Ästhetik, Animationen aus dem 3D-Programm mit schnellen Effekthaschereien, oft als Bildschirmschonerkunst verschrien, Teenager-Träume zwischen Fantasy- und Airbrush-Motiven und alles Mögliche andere Illustrative, das den Eindruck vermittelt, die Entdeckung des ganzen Kontinents der Bildenden Kunst stünde für NFT-Urheber:innen wie Käufer:innen noch aus.

Tatsächlich ist damit der größte Teil dessen, was bislang mit NFTs angeboten wird, beschrieben. Aber gut: Lüde man alle Sonntagsmaler:innen, Hobbyschweißer:innen und Puppenbastler:innen ein, ihre Ateliers, Schreibtische und

Zeichenschränke zu öffnen, sähe das Ergebnis sicher ähnlich frivol aus, und jede Vorstellung von künstlerischem Fortschritt oder verbindlichen Kanons verlöre ihre Plausibilität. Genau das passiert durch NFTs: Alle können ihre Werke zeigen – zumindest auf Plattformen wie OpenSea, die sich keinerlei Auswahl vorbehalten. Die Gleichheit der Veröffentlichungsform (NFT, NFT, NFT) suggeriert qualitative Gleichheit, die Distributionsform lädt zur Vorstellung ein, nun hätte jede:r eine Galerie. So erklären sich auch die an historische Avantgarden erinnernden Schlachtrufe gegen die angebliche Elite bestehender Gatekeeper wie Kunsthändler:innen und Institutionen. Der NFT-Hype ist ein großer Triumph der Hobbykunst, der häufig mit demokratischem Fortschritt verwechselt wird.

Dabei sind die tatsächlichen Aussichten auf Gewinne nicht weniger ungleich verteilt als in der trägen alten Kunstwelt: Wenn die Musikerin Grimes, die ihren Kultstatus als Partnerin von Elon Musk noch gesteigert hat, ihre ersten visuellen Werke auf der kuratierten Plattform Nifty Gateway veröffentlicht, ist ihr Erfolg weitaus erwartbarer, als wenn zum Beispiel ich auf OpenSea das gleiche Bild anbieten würde. Dass Inhalte ihren Ersteller:innen nun anders als bei Facebook, TikTok oder Instagram nicht nur Likes, sondern potenziell auch finanzielle Gewinne einbringen, ändert nichts am Prinzip, dass am Ende vor allem die Plattform gewinnt – selbst an Wiederverkäufen wird diese beständig mitverdienen (Nifty Gateway etwa behält von jedem Weiterverkauf 5 Prozent plus 30 US-Cent Transaktionsgebühr ein,[37] und NBA-Top-Shots-Karten lassen sich nur auf der entsprechenden Plattform handeln). Mit vier dominanten Plattformen hat sich auf dem NFT-Markt schnell ein Spiegelbild der Machtkonzentration auf dem Kunstmarkt etabliert: Die Megagalerien Gagosian, Zwirner, Pace und Hauser & Wirth hier – Nifty Gateway, Foundation, OpenSea und SuperRare dort.

Unterzieht man die bislang teuersten NFTs einer kunstkritischen Betrachtung, so lassen sich einige übergreifende Werte und Interessen isolieren. Vier der zehn höchsten NFT-Lose, Stand Mai 2021, waren die schon erwähnten CryptoPunks (#3). Sie sind die Höhlenmalerei der Krypto-Kunst und ihr Goldstandard. Ihre Pixelästhetik (jedes Gesicht besteht aus nur 24 × 24 Pixeln) beschwört tröstliche Erinnerungen an die Steinzeit des Informationszeitalters, an Ataris und Nintendos, als jeder Schritt in digitalen Räumen sich wie der erste anfühlte und der Cyberspace unendlich. Mit dieser verbindenden Urerfahrung können sich offenbar auch Menschen identifizieren, die damals noch lange nicht geboren waren. Die Entwickler:innen geben auch Londons Punk-Szene der Siebzigerjahre als Einfluss an, ferner William Gibsons Roman *Neuromancer* und Ridley Scotts Film *Blade Runner*,[38] die als Inkunabeln des Cyberpunk ihre kulturelle Strahlkraft bis heute nicht eingebüßt haben. Von dieser archaischen Vorzeit her melden die primitiven Pixelköpfe im klassischen Genre des Porträts mitten in einer hochauflösenden, ruckelfreien 5G-4K-UHD-Glasfaserwelt ihren Anspruch auf die Würde des Individuums an – wobei diese Würde schon durch die schiere Zahl von 10 000 Personas relativiert ist (man betrachte einmal das Gruppenporträt auf der Larva-Labs-Website).[39] Sich mit CryptoPunks zu identifizieren bezeugt eine tiefe, humane Einsicht in die Begrenztheit der Bedeutung und Besonderheit jedes Einzelnen.

Auf dieser Einsicht basiert auch die komische Fallhöhe
der meisten Memes: Sie relativieren die Einzigartigkeit eines bestimmten Ereignisses oder Erlebnisses, indem sie
dessen Spuren (etwa die Tränen des Basketballstars Michael
Jordan) in neue Kontexte setzen. Memes demonstrieren die
Relativität jedes Blickwinkels. Sie wirken zwar identitätsstif-
tend,[40] aber immer nur provisorisch. Entscheidend an ihnen
ist, dass dies in der Regel um den Preis des Gegenteils geschieht: Memes spalten Identitäten, sie lösen Zeichen aus
ihrer vorigen Bedeutung und öffnen sie kollektiven, tendenziell unabschließbaren Verknüpfungen mit neuen Bedeutun-
gen. Memes sind semiotische Lockerungsübungen. In den
Rissen, die sie einführen, erlebt sich die Internetöffentlich-
keit als lebendig.

Zum Charme der CryptoPunks – wie auch der ebenfalls mit Smart Contracts generierten CryptoKitties – trägt

entscheidend bei, dass ihre Gestalt das Ergebnis einer Software-Operation ist. Die menschliche Handschrift beschränkt sich auf den dafür eingesetzten Code. Damit können die Ergebnisse dem jungen Genre der generativen Kunst zugerechnet werden (wie auch die angeblichen Werke sogenannter Künstlicher Intelligenzen, die sich auf dem Auktionsmarkt bisher als Eintagsfliege erwiesen).

Die Larva-Lab-Gründer Matt Hall und John Watkinson, die nie Anspruch auf Künstlerstatus erhoben haben, schufen mit den CryptoPunks Bilder, die den Eindruck erwecken, die Blockchain selbst sei die Autor:in – und damit eine von vielen Menschen geschaffene und am Leben erhaltene Infrastruktur. Mit ihrer Genese aus Smart Contracts in der Ethereum-Blockchain halten die CryptoPunks nicht nur Menschen einen digitalen Zerrspiegel vor. Entscheidender ist, dass sie zugleich der Ware einen Spiegel vorhalten, die in Blockchains bis dahin gesammelt wurde: Geld. Jahrelang hatten Krypto-Sammler Coins gekauft und verkauft, die sich nur in der Menge voneinander unterschieden. Jetzt bekamen Coins plötzlich individuelle Gesichter.

CryptoPunks und CryptoKitties wären in keinem anderen Medium und mit keiner anderen Technik entstanden. Sie dürfen damit als Maßstab für spezifische und deshalb gelungene Krypto-Kunst gelten. Sie sind zur kulturellen Chiffre geworden, auf der viele andere Werke aufzubauen suchen.

Zwar legitimieren sich bislang die allerwenigsten mit NFTs angebotenen Arbeiten über Bezüge auf die Kunstgeschichte – viele beziehen sich aber dennoch in vergleichbarer Weise auf Geschichte, wie es bislang Werke der Kunstgeschichte tun. Nur eben die Geschichte des Cyberpunks, der um 1980 beginnenden Kultur der Computerspiele und der Message-boards seit der Jahrtausendwende. Wobei auch die Erinnerung an die Net Art der Neunzigerjahre kaum vorhanden scheint. Auf Werke und Wertbildungsmechanismen des bisherigen Kunstsystems wird höchstens in Klischees Bezug genommen: etwa wenn Beeple den Roboter Buzz Lightyear aus Disneys *Toy Story* auf einem Jeff-Koons-Ballonhund reiten lässt; wenn er auf seinem Online-Shop schreibt: »not stoping [sic!] until i'm in the MOMA.... then not stopping until i'm kicked out of the MOMA, lol«;[41] oder wenn Krypto-Sammler von einer neuen Renaissance fabulieren und von sich selbst als neuen Medici wie das Investmentkollektiv Flamingo DAO.[42]

Im Netz wird bekanntlich weniger das isolierte Genie ge-feiert als der kollektive Hallraum, weniger die individuelle Er-findung als das durch die Interaktion von Millionen absichts-los entstandene, außerhalb seines Kontexts unverständliche Phänomen, dessen Singularitätswert oft in umgekehrtem Verhältnis zu seinem Originalitätswert steht. Nachhaltige Wertbildung geschieht im Netz durch Partizipation, wenn nicht gar durch kollektive Autor:innenschaft. Je dümmer und zufälliger, desto interessanter. Im Dezember 2013 etwa erläuterte ein Betrunkener in einem Message Board, warum er seine Bitcoins hielt, statt je nach Tageskurs zu traden, und betitelte den Beitrag mit »I AM HODLING«.[43] Der Verschrei-ber wurde zum ironischen Schlachtruf für Millionen und ist so sehr in den Alltagssprachgebrauch eingegangen, dass sogar deutschsprachige Firmenwebsites mit ihm für seriös gemein-te Geschäftsmodelle werben.[44]

Auch die beachtlichen Kursentwicklungen der Spaßwäh-rung Dogecoin, in deren Geschichte sich Elon Musk mit vielen unterstützenden Tweets eingeschrieben hat, sind als eigentümliches Zusammenspiel von Interesse und Interesselosigkeit unter Millionen zu verstehen. Wir haben es hier also nicht nur mit einer Memefizierung der Kunst zu tun, sondern mindestens ebenso sehr mit einer Memefizierung des Geldes. Diese zeigt sich auch in den Schnapszahlen, auf denen NFT-Käufer:innen gerne ihre Gebote enden lassen: 888 888,88 US-Dollar etwa wurden für die mit dem Electro-DJ Steve Aoki veröffentlichte Animation *hairy* des 3D-Gestalters Antoni Tudisco bezahlt. Offenbar kann gerade der offensive Verzicht auf Ambition dem Erfolg von Krypto-Kunst zuträglich sein. Niemand würde wohl behaupten, dass es sich bei *hairy* um große Kunst handle: Die Animation sieht aus wie ein Video-Selfie mit blaues Gesichtsfell verleihendem Facefilter. Zu ihrem-Erfolg trug eher bei, dass das Video ein dezidiert lässiges Verhältnis zur Prominenz ihres Mitveröffentlichers herstellte, den man übrigens als eigentlichen Gegenstand des auktionsförmigen Werkes bezeichnen könnte.

Die memetische Dynamik der Wertbildung kann auch helfen, die Schere zwischen dem großen viralen Erfolg des Mediengestalters Mike Winkelmann alias Beeple und dem niedrigen Originalitätswert seiner Veröffentlichungen zu erklären. Winkelmann, der unter dem Instagram-Handle @beeple_crap veröffentlicht, hat die Bedeutung seiner freien Arbeiten immer selbst heruntergespielt – während er mit Animationen für Nike, Space X oder Katy Perry international als Mediengestalter reüssierte. 2019 etwa lieferte er Motive für Louis Vuittons Women's Prêt-à-porter-Frühjahrskollektion, dazu Videos, die auf mit LED-Bildschirmen ausgestatteten Handtaschen liefen. Beeple stellt eine eigentümliche Mischung aus Fleiß und Ambitionslosigkeit zur Schau: Dass er seit dem 1. Mai 2007 täglich eine Arbeit postet, erklärt er auf seiner Website damit, dass er dadurch weniger Gefahr laufe, »einen großen Haufen Arschscheiße aufs Papier zu werfen. Auch wenn ich das meistens tue, weil ich richtig scheiße bin.«

Der Kunstkritiker Ben Davis hat sich – anders als allem Anschein nach Christie's – die Mühe gemacht, alle Postings, die sich im Mosaik der *Everydays: the First 5000 Days* (#4) verbergen, zu studieren. Er stieß auf eine bedrückende Ansammlung sexistischer, schwulenfeindlicher, behindertenfeindlicher und rassistischer Postings.[45]

Der oft für Beeples Bilder verwandte Begriff der Satire geht am Gegenstand vorbei, denn zur Satire fehlen die Pointen. Beeples Fieberträume sind frei von Spezifik. Sie erliegen dem technisch Möglichen und dem, was an Bildinhalten gerade so durch die Medien fliegt. Sie sind Mottenfallen medialer Phänomene, die zu größtmöglicher Krassheit verklebt werden. Beeple scheint nicht in der Lage, irgendetwas so zu kombinieren, dass eine Perspektive oder ein Gegenstand, eine Frage oder auch nur ein Thema in Sicht käme. Hier herrscht der Geschmack eines weißen, männlichen, privilegienvergessenen Teenagers, der glaubt, sich auf alles überheblich beziehen zu können, einschließlich sich selbst. Die kulturhistorischen Referenzrahmen sind die männlich dominierten Bildforen DeviantArt und 4Chan.

Man muss zu Christie's Gunsten annehmen, dass die Verantwortlichen dieses »Werk« ungeprüft in Konzession genommen haben. Dass sie schlicht der Suggestion des Mosaiks aus einer Masse von 5000 Bildern erlegen sind. Diese Suggestion einer menschliche Maßstäbe überschreitenden Singularität

#4   Beeple: *Everydays: the First 5 000 Days*, 2021

ist tatsächlich die interessanteste, weshalb Beeples *Everydays: the First 5 000 Days* zum Symbolbild der Krypto-Kunst wurde, mit dem die meiste Berichterstattung über sie bebildert wird. Im Zoom-Out werden die 21 069 Pixel im Quadrat zum spezifischen Bild: zum Bild einer gewaltigen Versammlung von egal was. Und sieht es nicht aus wie das, was die meisten von uns während der Pandemie die meiste Zeit gesehen haben: die Videokacheln der Bildschirmkonferenzen?

Aus vielen Krypto-Kunstversuchen spricht die Suche nach der Klarheit eines Molekülmodells, nach einem von der empirischen Welt unbeschmutzten Urzustand oder nach Basiselementen, aus denen sich eine neue Welt bauen ließe. Isolierte Gegenstände vor schwarzem Grund beschwören wie Portale die Verschmelzung von physischer und virtueller Welt im »Metaversum«.[46] In der 3D-Animation *Metarift*, die das Künstlerpseudonym Pak Ende März 2021 für 904 413 US-Dollar in Ether auf MakersPlace verkaufte, rotiert vor schwarzem Grund ein Gebilde aus sechs Kugeln gegenläufig zu einem es umkreisenden Möbiusband, das wellenschlagend immer wieder ein Unendlichkeitszeichen formt (#5). Es wirkt ähnlich beruhigend wie das Foto eines Hühnereis, das Anfang 2019 zum meistgelikten Motiv auf Instagram avancierte: Auf solche Ursymbole können sich Massen anonymer Internetnutzer:innen einigen, sie bilden Nullmeridiane der Aufmerksamkeitsökonomie; an ihnen kommt der endlos scrollende Online-Blick zur Ruhe. Erstaunlich, dass das »Instagram Egg« noch nicht mit NFTs kapitalisiert wurde.

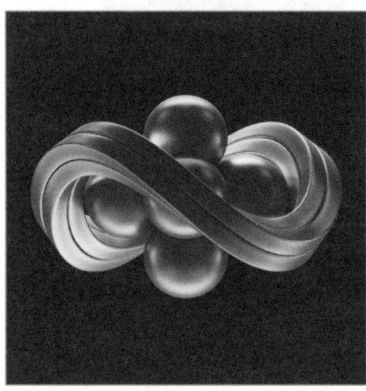

#5   Pak, *Metarift*, 2021 (Frame)

Nach dem für alle Beteiligten überraschenden 69,36-Millionen-Dollar-Erlös für Beeples Collage bei Christie's tat sich das zweitgrößte Auktionshaus Sotheby's mit Pak und der Plattform Nifty Gateway zusammen, um sich ebenfalls Anteile am durch eine neue Zielgruppe schlagartig formierten Markt zu sichern. Hier gab es rotierende hohle Würfel zu kaufen, in Paketen von eins bis tausend. Mit viel Fantasie könnte man sich einbilden, irgendwo hinter diesen Würfeln, tief im Bildschirm, formiere sich gerade die Singularität, die autonom gewordene Künstliche Intelligenz, und kommuniziere per Geometrie mit der Betrachter:in. Allerdings sind unter spannungsvollem Lichteinfall rotierende Objekte für jede:n mit etwas Grafikkenntnissen leicht herzustellen. So wie auch eine anonyme Künstlerpersona wie Pak für jedes findige Unternehmen leicht herzustellen ist. Die Krypto-Kultur interessiert sich weniger für Autor:innen als für Autorfunktionen. Der hohe Wert, den Anonymität in der Krypto-Kultur besitzt, trägt dazu bei, dass alte, auf Rückschau basierende Mechanismen von Vertrauensbildung und Glaubwürdigkeit durch prospektive Dynamiken von Reichweite und Spekulation ersetzt werden. Die zum historischen Ereignis hochgejubelte Transaktion konstituiert erst das Werk.

Entsprechend wurde unter dem Eindruck des Beeple-Spektakels auch bei Sotheby's auf die wertbildende Kraft des Ereignisses gesetzt. Statt eines Bietergefechts auf einen einzelnen NFT entschied man sich bei Sotheby's für sogenannte Open Editions, wie sie etwa schon Grimes genutzt hatte: Mit Smart Contracts wurden so viele NFTs geprägt, wie während Zeitfenstern von je 75 Minuten an drei aufeinanderfolgenden Tagen nachgefragt wurden. Als Anreiz erhielten die Höchstbietenden als Dreingabe weitere geometrische Animationen. Es kamen 17 Millionen US-Dollar zusammen.

Ein Einzelwerk wurde dann doch noch versteigert: ein einzelnes graues Pixel. »Mit dieser Sammlung hinterfragt Pak unsere Wertvorstellungen«, erläuterte Sotheby's die gesamte Auktion. In einer tautologischen Argumentationsschlaufe reichte das Auktionshaus die Verantwortung fürs Geschehen aus den Händen der vermarktenden Kunsthistoriker:innen an die Kund:innen weiter und erklärte sich selbst zum Gegenstand des Werks: Das graue Pixel sei »ein Token, der die basalste Einheit eines digitalen Bildes in einem traditionellen globalen Auktionshaus bezeichnet. Es ist ein kleiner Eintrag, der digitale Kunst in eine mögliche künftige Geschichte tragen soll.« Es darf tatsächlich als bemerkenswerter historischer Vorgang verbucht werden, dass jemand für eine künstlerische Nullbehauptung in Gestalt eines grauen Pixels 1,36 Millionen US-Dollar zahlte. Auch das nächstkleinere Auktionhaus Phillips stand nun unter Zugzwang, sich auf dem neuen Markt für NFTs zu positionieren. Die Wahl fiel auf den sich Mad Dog Jones nennenden Michah Dowbak, der sich mit digitalen Zeichnungen mit Manga- und Cyberpunk-Anklängen auf Instagram und mit Auktionen auf Nifty Gateway eine beträchtliche Followerschaft aufgebaut hat. Sein Angebot war eine nostalgische Animationssequenz mit einem Kopierapparat, der in einem nach Achtzigerjahren aussehenden Büro aufgestellt war. Das Video spielte allerdings eher die Rolle eines Covers für die eigentliche Arbeit: Deren Smart Contract verspricht, ungefähr im Monatstakt sechs neue NFTs zu produzieren, die sich wieder replizieren, bis zur siebten und letzten Generation. Hin und wieder wird per Zufallsmodus ein Kopierstau simuliert. Mit ihm entstehen neue Werke, die sich ihrerseits sammeln und weiterverkaufen lassen. Bezeichnenderweise wird nirgends die Frage aufgeworfen, wie diese in Aussicht stehenden Werke aussehen könnten.

Bisher scheint Krypto-Kunst weitestgehend frei von ästhetischem oder konzeptuellem Orientierungssinn. Die künstlerischen Wetten sind so willkürlich wie die wirtschaftlichen. Der einzige stabile Faktor ist Markenmacht (Christie's, Sotheby's, Grimes, Steve Aoki, Beeple ...). Würde man die mit NFTs gehandelte »Kunst« mit einem Programmiercode vergleichen, müsste man feststellen: Jeder programmiert spontan drauflos. Veröffentlichungen werden mal durch gewaltige Summen validiert, mal gar nicht, ohne dass daraus eine sinnvolle Konversation, ästhetische Programme oder ein Horizont künstlerischen Fortschritts in den Blick kämen.

Seit Tausenden von Jahren haben Künstler:innen in Auseinandersetzung mit ihren Vorläufer:innen den Code ihrer Zeit, deren technologische Fertigkeiten, Interessen und Formen der Wahrnehmung und Vorstellung, in Werken niedergelegt; in Dingen, die, weil sie aus prinzipiell unkopierbarer Materie sind, weit mehr Belege ihrer Einzigartigkeit an sich tragen als NFTs. Auch Kunstwerke sind Token in den verschiedenen Blockchains der menschlichen Kulturen, mehr oder weniger zuordenbar zu den Kontexten ihrer Entstehung und zumindest ungefähr datierbar. Aber sie sind noch mehr, denn sie handeln nie nur von sich selbst, von ihren Erschaffer:innen oder ihren Besitzer:innen, sondern von den Möglichkeiten menschlicher Verständigung. Jedes gelungene Kunstwerk weiß um seinen Platz in der Geschichte, um die Herkunft seiner Mittel und Formen. Manet greift den Code Tizians auf, Cézanne greift den Code Manets auf, Braque greift den Code Cézannes auf, Duchamp (oder Baroness Elsa von Freytag-Loringhoven) greift den Code Braques auf usw.

Die Kunst, wie wir sie kannten, hat mit einer Blockchain also viel gemeinsam: Ein gelungenes Kunstwerk steht mit allen Werken in Korrespondenz, die es je gab und je geben wird. Darauf beruht sein kultureller Wert, und auf diesem die Verlässlichkeit seines ökonomischen Werts. Nur weil alle Teile miteinander in Verbindung stehen, ist die Ökonomie der Kunst nachhaltig. Ausgerechnet in blockchain-basierter Krypto-Kunst, wo sich doch alles ums Protokoll dreht, scheint kein ästhetisches Produkt mit anderen kompatibel. Würde man auf dem aktuellen Stand der Krypto-Kunst eine Blockchain betreiben wollen, es würde nichts funktionieren. Aber nun, Coden lernt man ja auch nicht von heute auf morgen. Wieso sollte es mit Kunst anders sein?

Hier ein Vorschlag für Kriterien für gelungene Krypto-Kunst (sie gleichen zugegebenermaßen jenen, die auch oft an Nicht-Krypto-Kunst angelegt werden).

1. Am interessantesten ist Kunst, die weniger von spontanistischen Ideen der Urheber:in handelt als von der Spezifik des Mediums, in dem sie erscheint, und der Technik, mit der sie gemacht wurde – die also den Ausdruck und die Selbstreflexion der Technologie zum Ziel hat, nicht den Selbstausdruck. (An Kevin McCoys *Quantum* ist weniger interessant, welche Figuren es abspielt, als wie es diese Figuren abspielt, wie es also die Möglichkeiten der Technologie auslotet, Bilder zu erzeugen.)

2. Durchschlagende Kunstwerke rühren an den Quellcode der Bedingungen ihrer Möglichkeit. Das Entscheidende am Kunstwerk ist sein Code: die spezifische Art und Weise,

wie es sich in die Kette aller je entstandenen und aller noch entstehenden Kunstwerke einschreibt. Am interessantesten ist Kunst, der an jeder kleinsten Entscheidung abzulesen ist, dass sie im Bewusstsein der Geschichte ihres Mediums, ihrer Technik und der Formen, die sie verwendet, entstanden ist und die ein neues Licht auf diese Geschichte wirft. Dass im Netz oft das Sympathie und Neugierde auf sich zieht, was entsteht, wenn die Tastatur schneller ist als die Finger, die 3D-Engine schneller als der Kopf, steht dazu nicht prinzipiell im Widerspruch.

3. Am interessantesten ist Kunst, die ein neues Maß dafür einführt, wie man etwas machen kann und wie man etwas sehen kann. (Dass das auch durch Mimikry und Wiederholung möglich ist, bewiesen in den Siebzigerjahren Elaine Sturtevant und Sherrie Levine.)

Punkt 3 ist der schwierigste.

Interessant ist also nicht die Kunst, die das Medium der Blockchain-Infrastruktur nur als Vehikel nutzt, um Formen zu kapitalisieren, die man aus anderen Medien kennt; sondern die Kunst, die die Möglichkeiten des Mediums des Digitalen und der Technik des Minting erkundet, ausreizt und deren Logiken und Konventionen offenlegt. Im besten Fall trägt solche Kunst zur Erweiterung des Vorstellungsvermögens bei für mögliche, bessere Beziehungen zwischen Menschen und zwischen Menschen und Nicht-Menschen.

Die Frage wäre nun, ob sich die Protokolle der alten und der »neuen« Kunstwelt verbinden lassen. Oder ob der

Eindruck, dass sie vom und mit dem Gleichen handeln, nur auf einer Verwirrung der Begriffe beruht.

Hier sollte nicht vergessen werden, dass Blockchain-Technologie von ihrer Erfindung an Gegenstand künstlerischer Arbeiten war. Zwischen der sowohl als Szene wie als Stil beschreibbaren Post Internet Art[47] und jüngeren Philosophieströmungen wie Neuem Materialismus, Spekulativem Realismus und Object Oriented Ontology entstand ab der zweiten Hälfte der Nullerjahre ein ganzer Diskurs über veränderte Bedingungen von Bild- und Wissenszirkulation und Wertproduktion im Plattformkapitalismus.

Auf dem ersten Höhepunkt des NFT-Booms im März 2021 präsentierte auch Simon Denny im Rahmen einer Ausstellung in der New Yorker Galerie Petzel drei NFTs, die den Versuch eines Brückenschlages zwischen Krypto-Kunstwelt und alter Kunstwelt sowie zwischen digitalem und physischem Werk darstellten.[48] Denny erstand auf eBay drei für das Minen von Ethereum optimierte Rechner und verwandte ihre Rechenkraft für das energieaufwändige Minten seiner NFTs. Die dazugehörigen Videos, in denen der jeweilige Rechner sich vor seiner eigenen eBay-Anzeige und Ethereum-Coins dreht, sind, wie bei Mad Dog Jones auch, eher als Cover anzusehen denn als eigentliche Arbeit (#6). Diese bestand in der konzeptuellen Entscheidung, bei abgeschlossenem Kauf den entsprechenden Rechner, der zur Erstellung des Werks zum Einsatz gekommen war, an die University of Oxford zu spenden, wo seine Rechenkraft für Klimamodellierungen zum Einsatz kommen soll. Mit etablierten Mitteln der Konzeptkunst nutzte Denny also seine ersten NFTs für einen Hinweis auf die zerstörerische Umweltbilanz von NFTs.

Gemessen an den Preisen auf dem Krypto-Kunstmarkt waren die Ergebnisse ernüchternd: Zwischen 28 000 und 50 000 US-Dollar wurden für Dennys NFTs bezahlt. Scheint, als sähen traditionelle Sammler:innen keinen Anlass, Arbeiten mit NFT mehr Wert beizumessen als Arbeiten desselben Künstlers ohne NFT; und als sähen umgekehrt NFT-Sammler:innen keinen Anlass, Arbeiten von Künstler:innen, die von der bisherigen Kunstwelt anerkannt sind, mehr Wert beizumessen als anderen; eher im Gegenteil. Schon gar keinen eigenen Wert scheint es darzustellen, wenn ein tatsächlicher

 # 6   Simon Denny, *NFT Mine Offset: Ethereum Kryptowährung Mining-Rig 45 MH/s*, 2021 (Frame)

Vorgang in der physischen Welt daran hängt.[49] Oder gar noch ein physisches Objekt.

Kunst, die aus jahrelanger theoretischer und künstlerischer Auseinandersetzung mit der Blockchain-Technologie entstanden ist, vor dem Hintergrund noch längerer Auseinandersetzung mit der Geschichte der Kunst, wird also vom Markt für Krypto-Kunst nicht als wertvoll anerkannt. Schnellschüsse ohne Auseinandersetzung mit der Kunstgeschichte aber sind dort Millionen wert. Wie kann das sein?

Wer sammelt NFTs und warum?

Die ästhetischen und konzeptuellen Ambitionen von Krypto-Kunst sind also bislang völlig volatil. Und mit ihnen die ökonomischen Wertmaßstäbe. Nichts lässt sich hier begründen oder vorhersagen. Wer sind die Leute, die diese neuen Werte machen, und was versprechen sie sich davon?

Zunächst lohnt es sich, die Frage umgekehrt zu stellen: Welche Hindernisse stehen einem NFT-Kauf im Wege? Es sind ungleich weniger als etwa die für den Erwerb eines physischen Gemäldes in einer Galerie. Die enorme psychologische Hemmschwelle, die beim Eintritt in den bisherigen Kunstmarkt zu überwinden ist, verbunden mit oft jahrelanger Einübung eines glaubwürdigen Verhaltens, ist auf dem Krypto-Markt schon mit der Eröffnung einer Wallet genommen. Ist man einmal im Besitz von Ether, verläuft der Kauf eines NFTs leichter als jede andere Transaktion: Man schiebt seine virtuell gespeicherten Anlagen einfach von hier nach dort. Ether wiederum bekommt man entweder im Tausch gegen

Fiat-Währung, durch herausragende Rechenleistung (da ist es äußerst schwierig geworden, mitzuhalten) oder durch Zeit für die richtigen Investments. Und Zeit hatten während der Corona-Pandemie viele. Von der weltweit gestiegenen Arbeitslosigkeit waren gerade in den USA vor allem Menschen unter vierzig betroffen.[50] Viele steckten die Corona-Nothilfe der US-Regierung in Krypto-Währungen und vervielfachten sie.[51]

In einer im März 2021 vom Meinungsforschungsinstitut The Harris Poll durchgeführten Umfrage unter 1 088 Erwachsenen antworteten von den 40 Prozent, die mit dem Thema NFTs vertraut waren, ganze 12 Prozent, sie hätten schon welche; unter Millennials waren es sogar 27 Prozent. Die interessante Frage nach dem Geschlecht wurde offenbar nicht gestellt. Dafür fragten die Meinungsforscher nach dem Umweltbewusstsein: 47 Prozent dachten irrtümlich, NFTs seien gut für die Natur.[52] Bemerkenswert ist auch, für welche Sorten kultureller Produkte NFT-Käufer sich interessieren: 36 Prozent nannten Musikstücke, 35 Prozent digitale Kunstwerke und 33 Prozent Videos. Ganze 13 Prozent interessieren sich für den Kauf von Essays – nur etwas weniger als für den Kauf von Tweets (17 Prozent). *Cryptoslate* berichtet von einer anderen beeindruckenden Zahl: »Nur« 9 Prozent der Gen Z kaufe NFTs, heißt es dort.[53] Nur? Das dürfte ein Tausendfaches des Anteils von Aktienanlegern sein, die zum Kauf physischer Kunst neigen.

In der Erschließung dieser Zielgruppe besteht der Erfolg von Christie's Beeple-Auktion: Mit 91 Prozent der Bietenden hatte Christie's nie zuvor Kontakt gehabt, 58 Prozent waren unter vierzig Jahre alt. Nachdem der unterlegene Zweite im Bietgefecht, der chinesische Krypto-Unternehmer Justin Sun, sich im Nachhinein beschwerte, er habe noch mehr geboten, aber die Technik habe gestreikt, erstand er in einer folgenden Christie's-Auktion eine Malerei von Picasso (*Femme nue couchée au collier [Marie-Thérèse]* von 1932) für rund 20 Millionen und einen Siebdruck von Andy Warhol (*Three Self-Portraits* von 1986) für rund 2 Millionen US-Dollar. Den Sturm des Krypto-Reichtums auf den Markt mit physischer Malerei hatte zuvor der französische Krypto-Unternehmer Andre Abdoune eröffnet, als er alle siebzig Teile des weltgrößten Gemäldes kaufte, mit dem der Maler Sacha Jafri im Herbst 2020 einen Eintrag im Guinnessbuch der Rekorde errungen hatte. Abdounes Gebot von 62 Millionen US-Dollar setzt Jafri auf Platz vier der teuersten lebenden Künstler – hinter Beeple.

Tim Schneider von *Artnet* verglich daraufhin den Krypto-Reichtum mit der sagenhaften Blase des japanischen Immobilienmarktes gegen Ende der Achtzigerjahre, die zum Run japanischer Milliardäre auf französische Impressionisten führte und später zu einer Rezession, von der sich das Land über Jahre nicht erholte.[54] Ein interessanter Unterschied liegt darin, dass damals auf hundert Jahre alte Werke gesetzt wurde, die bereits anerkannt waren. Krypto-Sammler:innen aber kümmern sich oft nicht um bestehende Validierungen. Sie wollen etwas Neues schaffen, am liebsten sehen sie sich als Avantgarde in der Errichtung einer neuen Welt.

Hier eine Liste der vorherrschenden Motivationen für den Kauf von Krypto-Kunst.

1. Konsolidierung von Reichtum
Viele frühe Krypto-Anleger:innen halten heute riesige Vermögen, deren Dimensionen die Beeple-Auktion nur erahnen ließ.

Diese Vermögen sind aber den berüchtigten Kursschwankungen ausgesetzt, außerdem Entscheidungen von Regierungen und großen Investor:innen unterworfen. NFTs versprechen Absicherung durch Diversifizierung.

2. *Spekulation*

Gefragt, warum Metapurse mehr als 69 Millionen für ein JPEG gezahlt habe, antwortete der Mitinvestor Twobadour: »This is going to be a billion-dollar piece someday.« Dagegen spricht, dass das Pyramidenschema, das Metapurse für seine Kunstsammlung angelegt hat, als gescheitert angesehen werden muss: Lagen B20-Token am Tag vor der Beeple-Auktion bei 27,35 US-Dollar, fielen sie in den folgenden Wochen auf 1 Dollar und lagen im Juli 2021 bei 73 US-Cent.[55]

Die gewaltigen Preissteigerungen machen Manipulation attraktiv. Wie wenige Käufer:innen hinreichen, um aus einer Vielzahl an Verkäufen und Wiederverkäufen einen Markt zu simulieren, darauf deutet eine Datenanalyse der Transaktionen auf der Plattform SuperRare hin, die Albert-Laszlo Barabasi in der *New York Times* veröffentlichte.[56] Von 3021 dort aktiven Sammler:innen hielten nur wenige die Mehrzahl der Werke, von denen wiederum vier hervorstachen. Auch hier bestätigen sich pyramidale Hierarchien, die jene der bisherigen Kunstmärkte noch übertreffen.

3. *Experimentierfreude*

Schon der Spaß am Neuen reicht hin, um zu verstehen, warum technologieaffine Menschen sich mit NFTs beschäftigen. Man kann und muss den Hype auch als soziales Spiel verstehen, als Life Action Role Play, an dessen Regeln jede:r mitschreiben kann. Eine Buchhaltungstechnologie erwacht zum Leben.

4. Utopie

Betrachtet man die Krypto-Kultur nur nach Gewinnstrategien, droht man das Entscheidende an ihr zu verpassen: den Wunsch, Teil von etwas Größerem zu sein. Utopist:innen sehen NFTs als unverzichtbare Bausteine neuer Ökosysteme an, die nicht von einzelnen Unternehmen kontrolliert werden, sondern durch eine Vielfalt von Plattformen und Geschäftsmodellen, die Menschen mehr Autonomie und Selbstbestimmung erlauben. Der utopische Freibeutergeist der Krypto-Kultur wird dadurch befördert, dass sich wie mit Aktien alle Inhaber:innen derselben Blockchain-Währung demselben Schicksal verschreiben. Zugewinne dienen allen. Das bedeutet wohlgemerkt nicht, dass sie allen in gleichem Umfang dienen. Die astronomischen Gefälle der Krypto-Vermögen sorgen dafür, dass jeder Kurserfolg frühe Investor:innen und »Wale« in kaum vorstellbarem Maß bevorteilt. Die Krypto-Kultur ist eine knallharte Plutokratie.

5. Mäzenatentum

An einer neuen Lösung teilzuhaben, wie Künstler von ihrer Kunst leben können, stellt auch für das investierende Publikum eine Ermächtigung dar. Und einen Triumph gegenüber zentralistisch organisierten Plattformen wie Spotify.[57]

6. Populismus

Hinter all diesen Motivationen steht auch ein institutionsfeindlicher Populismus, der sich pauschal gegen Gatekeeper, marktbeherrschende Unternehmen und marktregulierende Institutionen richtet. Er zeigte sich besonders grell in den spektakulären Wettgefechten, die sich Anfang 2021 die Sponti-Investor:innen der Reddit-Gruppe WallStreetBets mit einigen der weltgrößten Hedgefonds um die Aktie der Einzelhandelskette für Spiele GameStop lieferten. Hier verschwammen kulturelle Motive (viele waren durch Jugenderinnerungen emotional mit der von den Hedgefonds abgewerteten Marke verbunden) mit ökonomischen (kurzzeitig winkten in Wetten gegen das Agieren der Konzerne riesige Gewinne) und politischen Antrieben (schon dachte man, die Wall Street würde fallen).[58]

Dieser finanzkapitalistische Anarchismus wird durch den Umstand befeuert, dass viele Angehörige der Generation Z an keiner Vorstellung eines Außen des Kapitalismus oder einer Alternative zu ihm mehr orientiert sind, sondern innerhalb des bestehenden Systems nach Autonomie und Selbstbestimmung suchen. In Südkorea liegen 600 000 Aktiendepots in den Händen Minderjähriger, und in Deutschland ist der Anteil der 14- bis 19-Jährigen, die mit Einwilligung ihrer Eltern mit Wertpapieren handeln, von 2018 bis 2020 von 3 auf 4,6 Prozent gestiegen.[59] Daran hat auch die Gamifizierung Anteil, durch die sich die Selbstverständlichkeit, in Spielen in digitalen Währungen digitale Häute, Kleidungsstücke oder Waffen zu kaufen, auf die reale Welt überträgt.[60]

Deshalb käme in der Krypto-Kultur auch niemand auf die Idee, das Spekulieren mit Kunst moralisch infrage zu stellen. Das Spekulieren ist die Lingua Franca der Krypto-Welt. Nun sind zur Auswahl an Währungen noch kulturelle Güter hinzugetreten. Dazu kommt, dass NFTs ein tatsächlich radikal neues Modell der Spekulation einführen, das sich nicht als Gegensatz zum künstlerischen Schaffen versteht, sondern als dessen Erweiterung: Durch die in Smart Contracts verbrieften Tantiemen werden Künstler:innen durch künftige Spekulationen nicht zu deren bloßen Gegenständen; sondern zu Profiteur:innen.

Wie muss man sich das später vorstellen? Man trifft sich in Decentraland und anderen virtuellen Welten, bewundert die Gucci- oder Vetements-Outfits der anderen und schaut einander in die Taschen, um die Kunstsammlung zu prüfen?

Ja. Genauso muss man sich das wohl vorstellen.

»Wenn man den größten Teil seines Soziallebens in virtuellen Räumen verbringt, macht es absolut Sinn, dass man auch dort sein Geld in sein soziales Erscheinungsbild investiert«, sagt Ville Haimala von der Band Amnesia Scanner.[61]

Verblüffendes Argument.

Die Autonomie des Netzwerks:
Kulturelle Vorläufer und Konsequenzen

Mit NFTs ist ein Markt für eine neue Sorte Ware entstanden: ein öffentlich einsehbares Eigentumsrecht an einem Gegenstand, das ohne Konsequenz für den Gegenstand bleibt. Eine Skulptur oder ein Gemälde wird von spezialisierten Spediteur:innen versichert, verpackt, verschifft und an einem neuen Ort aufgehängt, wenn die Besitzer:in wechselt. Ein mit NFT gehandeltes Werk wird oft nicht einmal in voller Auflösung heruntergeladen. Wie bei physischen Werken verbleibt das Copyright bei der Künstler:in. Mit einem NFT kann man eigentlich gar nichts anstellen. Man kann nur zeigen, dass man es besitzt, wofür der Begriff »bragging rights« geprägt wurde: Angeberrechte.

Freilich lassen sich mit NFTs auch physische Dinge handeln. Dann aber führen sie im Prinzip nichts Neues ein. Sie bezeugen nur eine Transaktion, die ohne sie unter gleichen Bedingungen erfolgen würde: nämlich auf Basis eines Kaufvertrags unter jeweils geltendem Recht. Gleiches lässt sich mit Aktien machen – weswegen das innovativste durch NFTs eröffnete Geschäftsmodell die Fraktionalisierung illiquider Güter darstellt, die Aufteilung von Eigentum auf Token und die Automatisierung der Verzeichnung und Ausschüttung von Anteilen durch Smart Contracts.

Woher rührt die eigentümliche Aura von NFTs? Sah Walter Benjamin die Aura des Originals durch die Zirkulation seiner Kopien herausgefordert,[62] so brachten NFTs eine Aura für Kopien hervor, die sich in nichts von einer prinzipiell unendlichen Zahl weiterer Kopien unterscheiden. Das Werk selbst scheidet hier als Träger von Aura aus. Es ist der öffentliche Registereintrag für dessen Eigentum, der den Abglanz seiner Aura auf das Werk fallen lässt. Und es ist auch entscheidend sein Preis.

An die Stelle eines physischen Objekts tritt also ein soziales Verhältnis: die Einigung auf den Wert einer Verknüpfung von Gut und Eigentümer:in, so konsequenzlos diese in der physischen Welt sein mag. Der Unterschied zwischen einer mit NFT versehenen Kopie eines Werks gegenüber anderen Kopien ist vergleichbar dem Unterschied eines von der Autor:in signierten Buches gegenüber anderen Büchern. Die algorithmische Akribie des Blockchain-Eintrags stellt aber, so die kulturelle

Suggestion, einen Kategoriensprung dar. Der Blockchain als Medium der Verbriefung wird ein ontologisch überlegener Status zuerkannt – nicht zu Unrecht: Die Blockchain verknüpft Urheber:in, Eigentümer:in und Gut. Sie weiß vom Werk, sie weiß vom Preis. Sie kennt die gesammelte Geschichte der Transaktionen, die vorausging. Und sie ist das Medium, das auf der Basis dieser Geschichte diese Geschichte in die Zukunft fortschreiben wird, so jedenfalls die kollektive Hoffnung.

Der Besitz eines NFTs ist also ein Fakt, der schwerer anfechtbar ist als die meisten anderen Behauptungen. Der Besitz des mit ihm verknüpften Gutes dagegen ist eine soziale Fiktion, die von sozialer Anerkennung abhängt. NFTs stellen damit eine neuartige Verschmelzung von Fakt und Fiktion dar. Mit ihnen kann man so ziemlich alles behaupten – weswegen eine der interessantesten künstlerischen Aktionen unter Einsatz von NFTs die Erklärung Hito Steyerls während eines Vortrags am Royal College of Arts darstellt, sie habe die gastgebende Institution, das College selbst, als NFT geminted. Das glich der Erklärung eines Kidnappings. Sie sei bereit, dieses NFT den Studierenden zu übertragen, wenn diese ein Live Action Role Play entwickelten, das die Verwandlung des College in eine Kooperative in der Hand der Mitarbeiter:innen und Studierenden simuliere.[63] Im Juli 2021 erklärte Steyerl während einer Diskussion in der Bundeskunsthalle in Bonn, sie habe auch die Bundeskunsthalle, das Humboldt Forum und die ganze Kunstwelt geminted und bereite nun Abstimmungsprozeduren vor, um die Institutionen durch »die Menschen« verwalten zu lassen.[64] Auch wenn die Registrierung der Ethereum-Domains (bundeskunsthalle.eth, humboldtforum.eth etc.) per NFT so wenige Rechte gegenüber den bezeichneten Institutionen verleiht wie der Besitz einer .de-Domain, so zeigt Steyerl hier doch satirisch die kulturelle Suggestionskraft von NFTs auf, nimmt diese maximal ernst und wendet ihr Versprechen der Dezentralisierung statt auf individuelle Gewinne durch individuelle Verkäufe individueller Produkte direkt auf die ganze Infrastruktur zentralisierter Macht an, wie Institutionen sie verkörpern. Entweder geht man die Behauptung mit, oder man geht den entgegengesetzten Weg – dann müsste man aber auch die allermeisten anderen Besitzansprüche durch NFTs zurückweisen.

In NFT-Diskussionen ist viel von Kreativität die Rede. Bei genauerer Betrachtung entpuppt sich diese jedoch als durch und durch unternehmerischer Begriff. »Kunst« wird hier tendenziell auf »Veröffentlichung« reduziert, aufs »Droppen«, »Raushauen« von Sachen. Dieser Kunstbegriff zielt also weniger auf vertiefte Bearbeitung ästhetischer oder erkenntnistheoretischer Probleme als auf die Erzeugung von Ereignissen in der sozialen Arena. Er meint schlicht: etwas (vermeintlich) Einzigartiges veröffentlichen.

Es liegt nahe, in astronomischen Geboten auf willkürlich limitierte Dateien eine Parodie der Absurditäten des Kunstsystems zu sehen – zumal im Manierismus einer Palette verschiedenster Paketzuschnitte wie in Sotheby's' Pak-Auktion. Und ist eine Edition aus drei Lizenzen, die ihrer Käufer:in erlauben, eine Banane mit Gaffa-Tape an die Wand zu kleben, etwas so anderes? In Maurizio Cattelans Gag, für den auf der Art Basel Miami Beach 2019 drei Käufer je 120 000 US-Dollar ausgaben, war das Kunstwerk schon mit der Form des Posts verschmolzen, nur der geringste Objektwert (der Banane) hielt es noch im physischen Raum. Und durch das spontane öffentliche Loslösen und ungehinderte Verspeisen des Objekts demonstrierte der Künstler David Datuna, dass das Werk und sein Wert gar nicht in diesem lagen, so wenig wie sie bei NFTs in einer bestimmten Datei liegen.

Tatsächlich begegnen Cattelans Banane und Beeples NFT einander an einem Punkt, an dem der Gegenstand der Investition weniger der Gegenstand ist als die Investition selbst. Cattelans Banane war ein Medienereignis, in das ihre Käufer sich einschrieben. Wer 69,36 Millionen für ein JPEG ausgibt, kauft den historischen Moment, in dem er 69,36 Millionen für ein JPEG ausgibt – und schafft ihn dadurch mit. So entstehen Dinge und Werte: ein perfekter Kreislauf. Aus ihm das physische Objekt zu entfernen, bedeutet nicht, die Grundlage des Wertes zu entfernen, sondern das letzte Hindernis seiner Entfaltung.

NFTs begleiten einen kategorischen Umschlag hinsichtlich dessen, was ein Kulturgut ist: NFT-Transaktionen beziehen sich nicht auf physische Objekte im Raum. Sie beziehen sich auf Momente in der Zeit. Der im Smart Contract verzeichnete Zeitstempel ist der Quell der Aura. An die Stelle physischer Ausdehnung tritt ein Moment in der Geschichte. Gehandelt wird Geschichte selbst. Das »Werk« ist nur mittelbar der Handelsgegenstand. Es ist eher umgekehrt dessen Cover, wie das Cover einer CD. Beeple-Investor Vignesh Sundaresan sagt etwas Entscheidendes, wenn er erklärt: »NFTs fangen die Aura des Moments ein.«[65]

Auch wenn digitale Künstler:innen gerne vom MoMA als Verkörperung kultureller Macht reden, so ist der Fluchtpunkt des NFT-Markts letztlich weniger das Kunstmuseum. Er ist das historische Museum. NFTs reduzieren den Kunstbegriff auf seine ökonomische Komponente: einzigartige historische Gelegenheiten, geschaffen durch künstliche Verknappung. Gekauft wird die spektakuläre Ergreifung dieser historischen Gelegenheit. Gekauft wird also der Akt des Kaufens selbst. Das gekaufte Gut ist sein Zeugnis. NFTs sind damit ultimative Veblen-Güter, wie sie Thorstein Veblen in seiner 1899 erstmals in den USA publizierten *Theorie der feinen Leute* analysierte: Güter, nach denen die Nachfrage noch steigt, wenn ihr Preis steigt, da dieser das Maß sozialer Distinktion erhöht.[66]

Die Kulturwissenschaftlerin McKenzie Wark sah diese Entwicklung schon 2017 am Horizont: »Vielleicht ist daher die Avantgarde des Sammelns eine Frage interessanter Arten und Weisen, den Akt des Sammelns selbst zu sammeln. Was digitale Kunst ganz besonders sammelbar machen sollte, bis zu dem Punkt, an dem es interessant wird. Nur mag es für das digitale Kunstobjekt letztlich uninteressant sein, nur die Formen des Sammelns älterer Klassen von Kunstobjekten nachzuahmen.«[67]

Einen kulturellen Vorläufer hat der NFT-Markt in der sogenannten Drop Culture, die in den Zehnerjahren die Modebranche transformiert hat. *Drop* bezeichnet die oft kurzfristig in Sozialen Medien angekündigte Veröffentlichung einer limitierten Kollektion, die es zu einem bestimmten Termin oder auch nur an einem bestimmten Ort zu kaufen gibt. Der Taschenhersteller Rimowa etwa postete einmal auf Instagram ein Foto zweier Koffer mit übergroßem Druck des Labels Supreme, versehen mit dem Datum des nächsten Tages, an dem sich daraufhin die Kollektion binnen 15 Sekunden ausverkaufte. Auch hier verschwimmen die Grenzen zwischen physisch anfassbarem Produkt und virtueller Abbildung, wenn sich die

Lancierung von Produkten der Veröffentlichung von Posts in Sozialen Netzwerken annähert: Etwas taucht einfach auf. Auch der *Drop* schafft eine Aura der Exklusivität durch die Markierung eines Moments.

Per *Drop* lancierte Produkte stellen begehrte Sammlerstücke dar und werden oft nicht gekauft, um getragen zu werden – höchstens auf einem Foto zum Vorzeigen in Sozialen Medien –, sondern für den gewinnbringenden Weiterverkauf. Im April 2021 erzielte das Prototypen-Paar des Sneakers Nike Air Yeezy 1 aus dem Jahr 2008, lässig lanciert als »Grammy Worn«, also vom Designer und Musiker Kanye West bei der Grammy-Verleihung getragen, mit 1,8 Millionen US-Dollar einen neuen Rekord für Turnschuhe. Der Käufer war ein Investmentfonds für Sneaker. Der Schritt vom nie getragenen Schuh zu seiner exklusiven Abbildung stellt nur noch einen kleinen Kategoriensprung dar, und so gibt es inzwischen NFTs von Sneakern, die nie bzw. nur als digitales Design hergestellt wurden (# 7).

NFT-Kunst wirkt wie die realisierte Utopie einer Entmaterialisierung der Kunst, von der die Dadaisten, gefolgt von Fluxus und Konzeptkunst, träumten. Nur, dass zwar das Material verschwunden ist, aber der Warencharakter bestehen bleibt. Man könnte sagen: Die Kunst ist verschwunden und hat nur ihre kommerzielle Hülle übrig gelassen. Womöglich ist die Software, auf der Kunst läuft, schlicht und einfach und unwiderruflich: Geld. Dann wäre die Verschmelzung mit neuen Währungen nur konsequent.

Vielleicht ist spätestens damit ein neuer Kunstbegriff tatsächlich unvermeidlich. Dieser schlösse bereits die Öffentlichkeit und die Interaktion mit ihr ein. Die kollektive Generierung

#7   Die Firma RTFKT verkauft virtuelle Sneaker als NFTs

kulturellen Wertes würde zum Material und Gegenstand des Werks. Doch während ein Charakteristikum des Kunstwerks bislang in der Verhinderung von solcherlei Kurzschlüssen bestand – Niklas Luhmann beschrieb es als Unterbrechung von Kommunikation,[68] Susanne von Falkenhausen als »Stolperstein«[69] –, wird es jetzt eingeebnet und dient als bloßer Platzhalter für zirkuläre Spekulationen.

Cattelans Banane war der Krypto-Kunst auch insofern ähnlich, als sie sich vom guten Ton loslöste, der verlangt, Rechenschaft über die Geschichte der verwandten Formen, Motive und Themen abzulegen. Cattelan tat, als gäbe es keine lange Geschichte der Banane in der zeitgenössischen Kunst, und als habe Karin Sander nie eine Serie von Nägeln zum Aufspießen von Obst und Gemüse entwickelt.[70] Kurz, er zielte auf einen einfachen Witz auf Kosten der Kunst (jede Wertzuschreibung ist beliebig, jede Kunstanstrengung müßig, alles dreht sich nur ums Geld) statt auf die Pflege ihrer Codes.

NFTs lassen sich als neuer Entwicklungsschritt in der Finanzialisierung sozialer Beziehungen beschreiben. Das ist an sich noch nichts Beklagenswertes, zumal wenn sie Künstler:innen überhaupt erst eigene Ökonomien ermöglichen. Charakteristischer für NFTs ist ohnehin der umgekehrte Prozess der Kulturalisierung des Ökonomischen. Blockchain-Technologie hat eine Singularisierung[71] des Geldes eingeläutet, einen semiotischen Karneval, der die Grenzen zwischen ökonomischen, kulturellen und politischen Vorgängen zum Verschwinden bringt. Er beruht auf dem Versprechen fortwährender Steigerung: Steigerung der Vermögen, Steigerung der Kurse, Steigerung der Kreativität, Steigerung der Autonomie. Ja, auch ein neuer Autonomiebegriff wird durch die Krypto-Kultur eingeführt: Nicht das einzelne Werk strebt hier nach Autonomie, sondern das Netzwerk als Ganzes.

Die Vernetzung verbindet alle Teilnehmer:innen mit einem kollektiven Projekt, das verspricht: Alle gewinnen; Geschichte wird gemacht. Mit jeder Transaktion gewinnt die ganze Kette. Kritik hingegen ist in diesem positivistischen Universum ständiger Ausdehnung kaum anzutreffen.

Ende der Zentralperspektive:
Welche Kunst bringt die Blockchain hervor?

NFTs sind nicht wirklich eine neue Sorte Ding. Aber sie haben die Vorstellung einer neuen Sorte Ding hervorgebracht, die so wirksam ist, als handelte es sich um ein Ding. Gestützt wird sie durch folgende Annahmen: die einer neuartigen Zirkulationssphäre, die als autonom gegenüber bestehenden Handelsräumen gedacht wird und in einem Zirkelschluss den Wert der in ihr kursierenden Güter bestätigt; das Versprechen ökonomischer Ermächtigung vieler gegenüber sogenannten Gatekeepern; das Versprechen eines ontologischen Sonderstatus jeder Transaktion aufgrund ihrer millionenfachen Bezeugung und ihrer daraus resultierenden Unumkehrbarkeit; das Versprechen der Teilnahme an einer technologischen Avantgarde; das Versprechen historischer Einzigartigkeit (im Gegensatz zu physischer Einzigartigkeit).

Die Frage, warum man eine Buchhaltungstechnologie verwenden sollte, die um ein Vielfaches aufwändiger ist als etwa gemeinsame Dokumente in einer Cloud, lässt sich nicht allein mit praktischen Gründen beantworten. Die Blockchain-Welt, die radikale Öffentlichkeit mit radikaler Anonymität verknüpft, ist eine durch und durch poetische Welt, im doppelten Sinn: Sie stimuliert die Fantasie, und sie bringt tatsächliche soziale Verhältnisse hervor. Nicht zuletzt sind mit ihr Utopien verknüpft: Sie speist sich aus dem Wunsch, sich mit anderen zu verbinden und neue Gesellschaftsverträge zu entwickeln, wenn nicht gar neue Welten zu errichten.

Wie naiv oder bedrückend die sogenannte Kunst, die mit NFTs verknüpft wird, auch immer sein mag: Das ändert nichts am transformativen Potenzial blockchain-basierter Vertragsmodelle. Dieses Potenzial liegt weniger in den Werken als in den Beziehungen, die durch deren Handel möglich werden. Wie der Musiker Mat Dryhurst über NFT sagte: »Das Kunstvollste waren für mich bisher die Protokolle selbst.«[72]

Das gewaltige Potenzial von Tantiemen macht eine in der Zeitschrift *Management Science* publizierte Studie anschaulich:[73] Hätten Jasper Johns und Robert Rauschenberg einst für jeden Verkauf ihrer Werke einen Anteil von 10 Prozent bekommen, hätten sie tausendmal mehr an ihrer Kunst verdient. Man stelle sich vor, alle, die je in ein Werk investiert haben, wären an jedem künftigen Weiterverkauf beteiligt. Es wären ganz andere Investitionen in Innovationen denkbar. Durch die in Smart Contracts eingeschriebenen Tantiemen werden Künstler:innen nicht auf Gegenstände künftiger Spekulationen reduziert, sondern werden zu deren zentralen Profiteuren.

Tatsächlich trägt das bisherige Fehlen solcher Modelle entscheidend zur Krise des Ökosystems der Kunst bei. So bedroht derzeit jeder Erfolg auf dem Kunstmarkt, den eine Galerist:in mit ihrem Einsatz herbeiführt, ihr Unternehmen in der Existenz, erhöht er doch die Wahrscheinlichkeit, dass die beteiligte Künstler:in bald nicht umhinkommt, zur nächstgrößeren Galerie zu wechseln, will sie der Nachfrage an Produktionen nachkommen.[74] Gewinne stehen nur für die in Aussicht, die über die Mittel verfügen, von anderen etablierte Werke weiterzuentwickeln; wer diese Etablierung geleistet hat, bleibt oft auf den Investitionen sitzen. Deshalb wirtschaftet der größte Teil des Kunstbetriebs in Panik. Während der letzten zehn Jahre mussten Dutzende einst prägender Galerien schließen.[75]

In der Musik stellt sich die Lage nicht weniger dramatisch dar: Streaming-Plattformen wie Spotify haben die bestehenden Gewinnchancen auf dem Musikmarkt nur weiter in Richtung großer Plattenfirmen verschoben.[76] Belohnt wird nicht das Experiment, sondern bestehender Erfolg.

Mit der Möglichkeit, eigene Währungen zu gründen, deren Kurswert von sozialen Interaktionen abhängt, macht dagegen Blockchain-Technologie Modelle der Gewinnverteilung denkbar, in denen Künstler:innen und Publika ihre eigenen Ökosysteme aufbauen und pflegen. Ein Beispiel ist das Netzwerk Friends With Benefits, gegründet vom Entwickler Trevor McFedries, der das virtuelle Model Lil Miquela erfand und vermarktet. Friends With Benefits ist letztlich nur ein Diskussionsforum auf der Konferenz- und Chat-Software Discord, die ursprünglich für Gamer:innen entwickelt wurde, aber trotz ihres traditionellen zentralistischen Modells in Krypto-Kreisen zum Standard geworden ist.[77] In diesem Forum hat sich allerdings eine Avantgarde aus Kunst, Musik, Wirtschaft und Softwareentwicklung zusammengeschlossen. Die interessantesten Neuigkeiten und Gedanken während des NFT-Hypes 2021 kamen aus diesem Umfeld. Wer Zugang zum Server erhalten möchte, muss 60 FWB-Token vorweisen, die wohlgemerkt im eigenen Besitz bleiben. Solche Social Token, bei denen es sich übrigens nicht um NFTs, sondern um austauschbare Token handelt, erlauben die Finanzialisierung kulturellen Kapitals: Jedes Mitglied der Community hält Anteile an dieser, und diese Anteile steigen proportional zur Attraktivität der Aktivitäten der Community im Wert – ohne dass dabei Geld an eine zentrale Instanz, eine Plattform oder einen Dienstleister, flösse. Anfang 2021 erreichte der Wert der Mitgliedschaft eine vierstellige Zahl, bis ein Token-Diebstahl auf der Plattform Roll, die zum Prägen von Social Token dient, den Kurs um 99 Prozent fallen ließ – worauf die Mitglieder sich kurzerhand auf die neue Währung FWB Pro verständigten.[78] Sie lag Mitte Juli 2021 bei 9,90 US-Dollar.[79]

Blockchain-Technologie gibt prinzipiell jeder Community die Möglichkeit, ihre eigenen Social Token zu prägen. Durch ihre Verteilung gehen die Mitglieder gegenseitige Verbindlichkeiten ein und verschreiben sich der Pflege der gemeinsamen Infrastruktur. Diese Tribalisierung bringt natürlich jähe Ungleichheiten hervor: Wer zu spät von solchen Szenenbildungen erfährt, wird sich den Zugang nicht mehr leisten können. Diese Dynamik ist aber nichts Neues, man kennt sie vom Kunstmarkt: Auch das Sammlerehepaar Gustav Adolf und Stella Baum, das 1964 Gerhard Richters Gemälde *Sekretärin* für 450 Mark beim Düsseldorfer Kunsthändler Alfred Schmela erwarb, verfügte über andere Startbedingungen als Käufer:innen, die ihren ersten Richter zum Höhepunkt des letzten Kunstmarktbooms in den Nullerjahren für einen achtstelligen Betrag auf einer Auktion erwarben. Dass sich in Szenen jene, die ihren Zugang durch Geld erworben haben, mit jenen treffen, die ihren Zugang durch Wissen, Können, Ideen oder soziale Beziehungen errangen, und dass nichtmonetäres Kapital monetäres Kapital stechen kann, ist eine Grundvoraussetzung für künstlerische Innovation. Sie gilt aktuell für Krypto-Netzwerke vielleicht sogar stärker, als sie noch für Kunstnetzwerke gilt.

Die Möglichkeit, durch soziale Interaktionen symbolische Werte zu schaffen, die sich automatisch in finanzielle Werte übersetzen, eröffnet auch weit mehr Möglichkeiten als das zentralistische Plattformmodell des Web 2.0, in dem die auf Facebook, Instagram, Twitter und anderen Anwendungen kollektiv geschaffenen ökonomischen Mehrwerte fast vollständig bei Konzernen verbleiben.[80] »Krypto macht aus Nutzern Inhaber, aus Fans Stakeholder«, bringt es der Künstler

Daniel Keller auf den Punkt.[81] In Dezentralen Autonomen Organisationen, den DAOs, schließen sich Wallet-Inhaber:innen zusammen und verständigen sich über den Einsatz ihrer Vermögen. DAOs brauchen keine Vorstände und Aufsichtsgremien, weil in ihnen Managementstruktur und -regeln wie auch Stimmrechte und Ausschüttungen in Smart Contracts automatisiert sind. Das macht sie zu einer neuen, bislang schwer berechenbaren ökonomischen Kraft.

Dass es eine DAO war, die im Mai 2021 für sechs Millionen US-Dollar das Edward-Snowden-NFT erwarb, ist nur ein Beispiel für die Handlungsfähigkeit dieser Organisationsform, die Einzelinteressen durch Vermittlung in Gruppeninteressen verwandelt. Die Auktion auf der Plattform Foundation, deren Erlös der Freedom of the Press Foundation zugutekam, entwickelte sich zu einer Demonstration der Solidarität für einen Verteidiger bürgerlicher Informationsfreiheit gegenüber dem Überwachungsstaat, einer Demonstration des Wertes der Krypto-Währung Ether, in der die Transaktion abgewickelt wurde, aber auch einer Demonstration der Potenziale der Blockchain-Technologie für kollektive Willensbildung. Statt sich über ihre Führung zu freuen, rief die siegreiche Bieter:in dazu auf, im Interesse der guten Sache den Preis noch höher zu treiben, bis sich die PleasrDAO durchsetzte.

Prinzipiell können DAOs alle Arten von Gütern und Dienstleistungen verwalten. Die Kunstsammler:innen von Flamingo DAO nennen sich »Die Medici der NFTs«. Dabei ist die in der Krypto-Kultur oft gezogene Parallele zur Renaissance gar nicht so oberflächlich, wie sie erscheinen mag. So brachte damals eine neue Wirtschaftsform, die doppelte Buchführung, eine neue Sorte Kunst und eine neue Sorte Künstler hervor: Unternehmerisch agierende Künstler:innen zeigten ihre Auftraggeber:innen im Zentrum des Bildes, wo früher die Heiligen saßen, während sich hinter ihnen in Zentralperspektive ihre Besitztümer in den endlosen Landschaftsraum staffelten. Heute bringt Blockchain-Technologie neue Formen kollektiven Mäzenat:innentums hervor.

Dabei erweisen sich interessanterweise jene Modelle als wenig attraktiv, die lediglich Anteile, aber keine Stimmrechte verteilen, wie der gescheiterte B20-Token, mit dem Beeple-Investoren der Firma Metapurse hofften, den Wert ihrer Kunstsammlung noch zu steigern. Die einsetzende Dynamik wurde schon geschildert: Lagen B20-Token am Tag vor der Beeple-Auktion bei 27,35 US-Dollar, fielen sie in den folgenden Wochen auf 1 Dollar und lagen im Juli 2021 bei 73 US-Cent.[82] Auch der gestürzte K21-Token, der Anteile an der Kunstsammlung K21 repräsentiert (deren Gründer:innen sich offenbar keine Gedanken über das gleichnamige Ausstellungshaus der Kunstsammlung Nordrhein-Westfalen machten), entwickelte sich nicht.

Wo dagegen Anteilseigner:innen eingeladen sind, sich als Mitentscheider:innen und -produzent:innen zu begreifen, können erstaunliche Werte entstehen. Die Plattform mirror.xyz etwa vergibt in kollektiver Wahl Schreibaufträge. 10,4 ETH sammelte die Künstlerin Dena Yago mit ihrem Pitch eines Essays über die Ästhetik der Musikerin Lana del Rey ein.[83] Das entsprach Mitte Juni 2021 23 125 US-Dollar – wohlgemerkt für einen Essay, der noch nicht geschrieben war. Nachdem die Honorare und Löhne für freie wie festangestellte Autor:innen seit den Neunzigerjahren konstant gesunken sind, werden jetzt Texte plötzlich als kulturelle Ereignisse, wenn nicht gar als kollektive Unternehmungen behandelt, an denen viele teilhaben wollen. Der Unterschied zum Abo- oder Kiosk-Modell ist, dass sie das auch auf ökonomischer Ebene tun: Jedes Mal, wenn die NFTs für den Essay und die von Dena Yago in Auftrag gegebenen Illustrationen weiter- verkauft werden, werden die Anteilseigner:innen Prozente erhalten.

Es ist nicht auszuschließen, dass die Buchhaltungstech- nologie der Blockchain, ähnlich der doppelten Buchführung, auch neue Kunstformen hervorbringt. Vielleicht rückt an die Stelle der Zentral- eine Astralperspektive, in der privilegierte Beobachterstandpunkte sich simultan in viele menschliche und nichtmenschliche Perspektiven aufspalten. Vielleicht bringt sie kollektive Werke hervor, die als unmittelbare Abbil- der der Ökosysteme, in denen sie entstanden und zirkulieren, mit jenen fortwährend mutieren. Die Projekte der Musikerin Holly Herndon im Sommer 2021 weisen in diese Richtung: Ihre mit Mat Dryhurst entwickelten, auf Foundation verstei- gerten NFTs, die allesamt »DAO« in den Titeln tragen (#8), sehen aus wie Live-Übertragungen von durch Deep-Dream- Algorithmen halluzinierte Menschenansammlungen. Nach- dem Herndon schon ihr letztes Album *Proto* (2019) mit ei- ner Machine-Learning-Software produziert hatte, die von ihr, Mat Dryhurst und ihrem Chor das Singen gelernt hatte, verkündete Herndon im Juli 2021 die Veröffentlichung eines digitalen Klons ihrer selbst, das Deepfake-Instrument *Holly+*. Die Rechte an ihrer Stimme und die Entscheidungen darüber, welche Werke diese hervorbringen soll, hat Herndon in die Hände einer DAO gelegt – und damit das Konzept der de- zentralen Vernetzung nicht nur auf den Markt für Kulturgüter

 # 8 Holly Herndon, *Crossing the Interface (DAO) I*, 2021 (Frame)

angewandt, sondern auf dessen Zentrum: das Werk und die Künstlerfigur.[84] Was für Werke und Ereignisse daraus entstehen werden, dass jemand das Versprechen der Dezentralisierung derart ernst nimmt, darüber lässt sich, und das ist das Schöne an diesem Experiment, zum gegenwärtigen Zeitpunkt nur spekulieren. Der einzige Weg, es herauszufinden, liegt darin, mitzumachen.

Die Gefahr, die durch NFTs droht, ist eine weitere Ausrichtung künstlerischer Produktion an der Nachfrage statt am Angebot, eine weiter zunehmende Dominanz der abstrakten Werte über die konkreten Dinge, Beziehungen und Erfahrungen und letztlich der Investitionsstrategien über die menschlichen Sinne. Das Ergebnis wäre mehr unspezifische Kunst, mehr Verlust an Tiefe der kulturellen Selbstverständigung.

Die Chance der Buchhaltungstechnologie der Non Fungible Token aber liegt darin, dass sie zu neuen, nachhaltigeren

Ökosystemen der Künste beitragen. Zur Entfesselung der Entscheidungsfreiheit und Erfindungskraft vieler. Und damit Wege eröffnen für neue, produktivere, vielfältigere und interessantere Formen menschlicher Zusammenarbeit und Organisation.

Anmerkungen

1   Kolja Reichert, »Die fliegende Katze«, in: *Süddeutsche Zeitung* vom
    4. März 2021, auf: {https://www.sueddeutsche.de/kultur/
    kunstmarkt-kunst-digitalkultur-blockchain-1.5223768},
    Übersetzung aller englischen Quellen durch den Autor.
    Alle Internetadressen wurden am 19. Juli 2021 überprüft.

2   Ben Davis, »I Looked Through All 5,000 Images in Beeple's $69
    Million Magnum Opus. What I Found Isn't So Pretty«, auf:
    {https://news.artnet.com/opinion/beeple-everydays-review-
    1951656}.

3   Kolja Reichert, »Die fliegende Katze«.

4   Das war vor dem Kursverlust von Ethereum im Juni 2021.

5   »Tim Berners-Lee sells web source code NFT for $5.4m«, auf:
    {www.bbc.com/news/technology-57666335}.

6   »Joanneum erhält erstmals zwei NFT-Werke als Schenkung«, auf:
    {www.museum-joanneum.at/newsletter-mail/presse/2021/
    presseinformation-joanneum-erhaelt-erstmals-zwei-nft-werke-
    als-schenkung}.

7   Danny Nelson, »Even NYC's Highfalutin Guggenheim Museum Is
    Looking at NFTs, Job Posting Suggests«, auf: {www.coindesk.com/
    even-nycs-highfalutin-guggenheim-museum-is-looking-at-nfts-
    job-posting-suggests}.

8   Leonie Wessel, »Michelangelo als NFT: Wenn Alte Meister die
    Museumskasse aufbessern«, auf: {www.monopol-magazin.de/
    uffizien-nfts-wenn-alte-meister-die-museumskasse-aufbessern}.

9   Kolja Reichert, »Irrsinn Digitales Eigentum«, auf:
    {www.tagesanzeiger.ch/7-6-millionen-dollar-fuer-einen-pixel-
    kopf-259593986253}.

10 Vgl. Melanie Mühl, »Die Online-Armee rüstet zum Kampf«, auf:

{www.faz.net/aktuell/feuilleton/debatten/hype-um-gamestop-aktie-warum-reddit-foren-viel-macht-haben-17294893.html}.

11   Lin Pang, »Wyoming takes a step ahead to clarify the legal status of decentralized autonomous organizations«, auf: {www.dlapiper.com/en/europe/insights/publications/2021/03/wyoming-takes-a-step-ahead-to-clarify-the-legal-status-of-decentralized-autonomous-organizations}.

12   Hakan Tanriverdi: »53-Millionen-Dollar-Raub spaltet Verfechter von Kryptowährung«, auf: {www.sueddeutsche.de/digital/the-dao-53-millionen-dollar-raub-spaltet-verfechter-von-kryptowaehrung-1.3044097-2}.

13   Satoshi Nakamoto, »Bitcoin: A Peer-to-Peer Electronic Cash System«, auf: {https://bitcoin.org/bitcoin.pdf}.

14   Alex Gladstein: »Why Bitcoin Matters for Freedom«, auf: {https://time.com/5486673/bitcoin-venezuela-authoritarian/?te=1&nl=debatable&emc=edit_db_20210525}.

15   Tjerk Brühwiller und Hanno Mussler, »Armutsbekämpfung mit Bitcoin«, in: *Frankfurter Allgemeine Zeitung* vom 7. Juni 2021.

16   »Coinbase-Börsengang: 100 Milliarden aus dem Stand«, auf: {www.wiwo.de/finanzen/boerse/krypto-maerkte-coinbase-boersengang-100-milliarden-aus-dem-stand/27091032.html}.

17   {https://newmodels.io}.

18   {https://interdependence.fm}.

19   Vgl. für eine schlagende Analyse der Verzahnung von Plattform- und Finanzindustrie Joseph Vogl, *Kapital und Ressentiment*, München: C. H. Beck 2021; zu Plattformkapitalismus Nick Srnicek, *Plattform-Kapitalismus*, Hamburg: Hamburger Edition 2018.

20   Vgl. Paul Krugman, »Technobabble, Libertarian Derp and Bitcoin«, auf: {www.nytimes.com/2021/05/20/opinion/cryptocurrency-bitcoin.html?te=1&nl=debatable&emc=edit_db_20210525}, und

»Bitcoin & Blockchain Basics | Interview mit Prof. Dr. Philipp Sandner | Delta Podcast«, auf: {www.youtube.com/watch?v=g8YZ 99hx63A}.

21 Philipp Traugott, »Wie lange dauern Bitcoin-Transaktionen?«, auf: {https://kryptozeitung.com/wie-lange-dauert-eine-bitcoin-transaktion}.

22 Matt Phillips, »Stocks drop for a third day following Bitcoin's crash and inflation concerns«, auf: {www.nytimes.com/2021/05/19/business/stock-market-today.html?te=1&nl=debatable&emc=edit_db_20210525}, und MacKenzie Sigalos, »China is kicking out more than half the world's bitcoin miners – and a whole lot of them could be headed to Texas«, auf: {www.cnbc.com/2021/06/15/chinas-bitcoin-miner-exodus-.html}.

23 »Bitcoin Energy Consumption Index«, auf: {https://digiconomist.net/bitcoin-energy-consumption}.

24 Lukas Böhl, »Was ist ein NFT? – Einfache Erklärung«, auf: {www.stuttgarter-nachrichten.de/inhalt.nft-was-ist-das-mhsd.386bd7ac-2e41-461d-b726-cd5a6fod2096.html}.

25 Memo Akten, »The Unreasonable Ecological Cost of #CryptoArt (Part 1)«, auf: {https://memoakten.medium.com/the-unreasonable-ecological-cost-of-cryptoart-2221d3eb2053}.

26 Jakob Steinschaden, »Ethereum-Blockchain: Stromverbrauch soll noch 2021 drastisch gesenkt werden«, auf: {www.techandnature.com/ethereum-soll-vor-ende-2021-auf-stromsparendes-proof-of-stake-umgestellt-werden}.

27 Vgl. Tilman Baumgärtel, *Gifs. Evergreen aus Versehen*, Berlin: Wagenbach 2020.

28 Josh Constine: »Monegraph Uses Bitcoin Tech So Internet Artists Can Establish ›Original‹ Copies Of Their Work«, auf: {https://techcrunch.com/2014/05/09/monegraph}.

29   Lucas Matney, »The Cult of CryptoPunks«, auf:
     {https://techcrunch.com/2021/04/08/the-cult-of-cryptopunks}.

30   {www.larvalabs.com/public/images/cryptopunks/punks.png}.

31   Elizabeth Howcroft, »›CryptoPunk‹ NFT sells for $11.8 million at
     Sotheby's«, auf: {www.reuters.com/technology/crypto-
     punk-nft-sells-118-million-sothebys-2021-06-10}.

32   Vgl. Reichert, »Die fliegende Katze«, und Elizabeth Howcroft,
     »NFT sales volume surges to $2.5 bln in 2021 first half«, auf: {www.
     reuters.com/technology/nft-sales-volume-surges-25-bln-2021-first-
     half-2021-07-05}.

33   Jamie Crawley, »Dapper Labs Sued on Allegations NBA Top Shot
     Moments Are Unregistered Securities«, auf: {www.coindesk.com/
     dapper-labs-sued-on-allegations-nba-top-shot-moments-are-unre-
     gistered-securities}.

34   Amy Castor, »Metakovan, the mystery Beeple art buyer, and his
     NFT/DeFi scheme«, auf: {https://amycastor.com/2021/03/14/
     metakovan-the-mystery-beeple-art-buyer-and-his-nft-defi-
     scheme}.

35   {https://ipfsgateway.makersplace.com/ipfs/QmPAg1mjxcEQPPtqs
     LoEcauVedaeMH81WXDPvPx3VC5zUz}.

36   Wolfgang Prinz, »NFT – Was passiert da eigentlich?«, auf:
     {www.gimi.cologne/2021/04/14/nft-was-passiert-da-eigentlich}.

37   {https://niftygateway.com/become-creator}.

38   »10 things to know about CryptoPunks, the original NFTs«,
     auf: {www.christies.com/features/10-things-to-know-about-
     CryptoPunks-11569-1.aspx}.

39   {www.larvalabs.com/public/images/cryptopunks/punks.png}.

40   Dirk von Gehlen, *Memes. Muster digitaler Kommunikation*, Berlin:
     Wagenbach 2020.

41   {www.beeple-collect.com}.

42 {https://twitter.com/FLAMINGODAO}.

43 {https://t3n.de/news/wp-content/uploads/2017/12/hodl-originalpost.png}.

44 Vgl. {https://traderepublic.com/de-de/produkte/crypto}.

45 Davis, »I Looked Through All 5,000 Images«.

46 Vom »neuen Konsumenten-Metaversum« spricht auch das White Paper des Mode- und Lifestyle-Magazins *Highsnobiety*: »Select your Character: A White Paper on Gaming and Fashion«, auf: {www.highsnobiety.com/p/highsnobiety-white-paper-gaming}.

47 Siehe für eine kritische Analyse Ellen Wagner, *Falsche Signale. Strategien der Mimikry in der Post-Internet Art*, Zürich: Diaphanes, 2021.

48 {https://nft-mine.com}.

49 {https://nft-mine.com/work/1}.

50 Ben Winck, »COVID-19 dealt millennials the biggest employment hit of the past 20 years and younger Americans were already at risk of becoming a ›lost generation‹«, auf: {www.business insider.com/millennials-unemployment-crisis-generations-coronavirus-economic-recovery-outlook-fed-study-2021-3?r= DE&IR=T}.

51 Vgl. Tim Schneider, »The Gray Market: How Deep-Pocketed Crypto-Collectors Are Rushing Into an Old Art-Market Trap (and Other Insights)«, auf: {https://news.artnet.com/opinion/gray-market-cryptocollectors-japan-1980s-1955318}.

52 Kathryn Lundstrom, »NFTs Are All the Rage, but Who's Actually Buying Them?«, auf: {https://theharrispoll.com/nfts-are-all-the-rage-but-whos-actually-buying-them}.

53 Shaurya Malwa, »23% of Gen Z is investing in memes like Dogecoin (only 9% in NFTs)«, auf: {https://cryptoslate.com/23-of-gen-z-is-investing-in-memes-like-dogecoin-only-9-in-nfts}.

54 Sarah Cascone, »A Cryptocurrency Entrepreneur Just Bought the World's Largest Painting, by Artist Sacha Jafri, for a Whopping $62 Million«, auf: {https://news.artnet.com/market/sacha-jafris-world-record-biggest-painting-sells-62-million-auction-1954163}.

55 {www.coingecko.com/de/munze/b2o/usd}.

56 Albert-Laszlo Barabasi, »The Art Market Often Works in Secret. Here's a Look Inside«, auf: {www.nytimes.com/2021/05/07/opinion/nft-art-market.html?referringSource=articleShare}.

57 Vgl. Ji-Hun Kim, »Wie Spotify die Musik kaputtspart«, auf: {www.monopol-magazin.de/spotify-marktmacht}.

58 Auch Beeple verwendet für seine Methode täglichen Veröffentlichens unter Umgehung von Institutionen den Begriff »populistisch«, vgl. »Mike Winkelmann alias Beeple in conversation with / in conversazione con Carolyn Christov Bakargiev«, auf {www.youtube.com/watch?v=ese94dtcUVQ}.

59 Maja Brankovic, »Teenies an die Börse!«, in: *Frankfurter Allgemeine Sonntagszeitung* vom 11. Juli 2021.

60 In dem Zusammenhang sei die Lektüre von »Select your Character« in *Highsnobiety* empfohlen.

61 Aus einem persönlichen Gespräch im April 2021.

62 Vgl. Walter Benjamin, *Das Kunstwerk im Zeitalter seiner technischen Reproduzierbarkeit*, Berlin: Suhrkamp 2018.

63 {www.rcasu.org.uk/news/article/6013/RCA-NFT-ETH}.

64 Vgl. »Studio Bonn – Exchange Values – Krypto-Kapitalismus«, auf: {www.youtube.com/watch?v=btQRji5fU_8&feature=emb_title}.

65 The Pomp Podcast, »Metakovan on the Metaverse«, auf: {https://open.spotify.com/episode/4IF4oZuOTHo1ydgvPsRqz2?si=AKCTv9riQ6KmZFE5dJ8rtQ&dl_branch=1}.

66 Thorstein Veblen, *Theorie der feinen Leute. Eine ökonomische Untersuchung der Institutionen*, Frankfurt am Main: S. Fischer 2007.

67 McKenzie Wark, »My Collectible Ass«, auf: {www.e-flux.com/ journal/85/156418/my-collectible-ass}.

68 Niklas Luhmann, *Die Kunst der Gesellschaft*, Frankfurt am Main: Suhrkamp 1995.

69 Susanne von Falkenhausen, »Too Much, Too Fast«, auf: {www.frieze.com/article/too-much-too-fast}.

70 {www.karinsander.de/en/work/kitchen-pieces}.

71 Vgl. zu Singularisierung Andreas Reckwitz, *Gesellschaft der Singularitäten. Zum Strukturwandel der Moderne*, Berlin: Suhrkamp 2017.

72 Interdependence, »NFTs for noobs: A brief history of tokens and tulips, NFT aesthetics, energy dramas, fan brigades, social tokens and the meataverse with Daniel Keller (New Models)«, auf: {https://interdependence.fm/episodes/nfts-for-noobs-a-brief-history-of-tokens-and-tulips-nft-aesthetics-energy-dramas-fan-brigades-social-tokens-and-the-meataverse-with-daniel-keller-new-models-a}, Minute 61:30.

73 Amy Whitaker und Roman Kräussl, »Fractional Equity, Blockchain, and the Future of Creative Work«, auf: {https://pubsonline.informs.org/doi/abs/10.1287/mnsc.2020.3633}.

74 Kolja Reichert, »Der Staubsaugereffekt. Eine Reise durchs Ökosystem der Kunstwelt«, auf: {www.faz.net/aktuell/stil/quarterly/eine-reise-durch-das-oekosystem-der-kunst-16227481.html}.

75 Ebd.

76 Karla Gojan, »Studie belegt: Streaming-Dienste bevorzugen Künstler von Major-Labels bei Playlists«, auf: {www.backstagepro.de/thema/studie-belegt-streaming-dienste-bevorzugen-kuenstler-von-major-labels-bei-playlists-2021-04-16-1yQyt6bj4w}.

77 James Beck, »Friends With Benefits: A New Model for Social Tokens on Ethereum«, auf: {https://consensys.net/blog/codefi/friends-with-benefits-a-new-model-for-social-tokens-on-ethereum}.

78 Cooper Turley, »Social Tokens Get Rolled On«, auf: {https://thedefiant.io/social-tokens-get-rolled-on}.

79 {www.coingecko.com/de/munze/friends-with-benefits-pro}.

80 Joseph Vogl, *Kapital und Ressentiment*.

81 Interdependence, »NFTs for n00bs«, Minute 85:30.

82 {www.coingecko.com/de/munze/b2o/usd}.

83 Dena Yago, »$MOOD: The World's A Little Blurry«, auf: {https://appliedarts.mirror.xyz/vbiD5sIgZaqUAuXuoP6SkvmCNOM7MtRCdqsEDyxsOXU}.

84 Will Gottsegen, »Holly Herndon Launches DAO-Controlled Vocal Deepfake Platform ›Holly+‹«, auf: {https://decrypt.co/75958/holly-herndon-launches-dao-controlled-vocal-deepfake-platform-holly}.

Abbildungsverzeichnis

Dank an Heiner Franzen, Ville Haimala, María Inés Plaza Lazo, Christoph Sehl, Britta Thie.

© Albrecht Pischel

Kolja Reichert, geboren 1982, ist Kunstkritiker. Er war Redakteur von Spike Art Quarterly, der Frankfurter Allgemeinen Zeitung und der Frankfurter Allgemeinen Sonntagszeitung. 2018 erhielt er den Will-Grohmann-Preis der Akademie der Künste Berlin. Seit Juni 2021 ist er Programmkurator für Diskurs in der Bundeskunsthalle in Bonn.

Roland Meyer   GESICHTSERKENNUNG
Vernetzte Bilder, körperlose Masken

Jörg Scheller   BODY-BILDER
Körperkultur, Digitalisierung und Soziale Netzwerke

Gala Rebane   EMOJIS
Geschichte, Gegenwart und Zukunft einer
digitalen Bilderschrift

Thomas Dreier   COPYRIGHT
Urheberrecht versus Netzkultur

Jacob Birken   VIDEOSPIELE
Illusionsindustrien und Retro-Manufakturen

Thomas Hermann   ÜBERWACHUNGSBILDER
Kontrolle und Zufall in der *Cam Era*

Katja Müller-Helle   BILDZENSUR
Infrastrukturen der Löschung

Alle Bände: Broschur. 80 Seiten mit Abbildungen
auch als E-Book erhältlich

Wenn Sie mehr über den Verlag und seine Bücher wissen möchten,
schreiben Sie uns eine Postkarte oder elektronische Nachricht (mit
Anschrift und E-Mail). Wir informieren Sie dann regelmäßig über
unser Programm und unsere Veranstaltungen.
Verlag Klaus Wagenbach   Emser Straße 40 / 41   10719 Berlin
www.wagenbach.de   vertrieb@wagenbach.de

4. Auflage 2022

© 2021   Verlag Klaus Wagenbach   Emser Straße 40/41
          10719 Berlin   www.wagenbach.de

Umschlaggestaltung: Studio Jung, Berlin. Gesetzt aus der
Milo OT. Gedruckt auf Schleipen bei Pustet, Regensburg.
Printed in Germany. Alle Rechte vorbehalten.

ISBN   978 3 8031 3711 1